Die klassische Bodenarbeit

Die klassische Bodenarbeit

Die Ausbildung des Pferdes an der Hand nach klassisch-iberischen Grundsätzen

von Alfons J. Dietz

CADMOS
PFERDEBÜCHER

Cadmos Verlag GmbH Lüneburg

Gestaltung: Ravenstein Brain Pool
Titelfoto und Innenfotos: Klaus-Jürgen Guni
Fotos auf den Seiten 33, 91, 130, 147:
Helmut Schweigge, auf Seite 17: Helga Dietz,
auf Seite 88: Bernard Krisa.
Zeichnungen: Gabriele Wagner
Druck: Westermann, Zwickau

Printed in Germany

ISBN 3-86127-344-6

INHALT

Vorwort

Mein Leben drehte sich seit meiner frühesten Jugend um Pferde, hauptsächlich aufgrund der Tatsache, dass mein Vater und mein Großvater mit Pferden zu tun hatten und mit ihnen arbeiteten. Mein Vater, dem ich eine Menge meines Wissens über Reitkunst und Umgang mit dem Lebewesen Pferd verdanke, war selbst Berufsreiter und schenkte seine ganze Zuwendung den Pferden und ihrer möglichst artgerechten Haltung und Ausbildung. Ihm soll dieses Werk gewidmet sein.

In jungen Jahren war der Reitsport für mich etwas Selbstverständliches und überhaupt nichts Besonderes. Erst viel später, als ich bewusst über die Arbeit mit Pferden nachzudenken begann, fing ich an, mich ernsthaft mit dem Lebewesen Pferd und seiner möglichst artgerechten Ausbildung auseinander zu setzen.

Meine Ausbildung erhielt ich anfangs von meinem Vater, bis ich 15 Jahre alt wurde und in die Spanische Reitschule Wien eintrat, damals noch unter dem bekannten Leiter der Reitschule und heutigen Dressurrichter der Klasse S Brigadier Kurt Albrecht. Ich denke, dass es auf der Welt wohl nur sehr wenige Plätze gibt, an denen Reitkunst von der Pike auf und mit solch hoher Qualität gelehrt wird wie in der Wiener Hofreitschule.

Nirgends sonst hat man die Möglichkeit, Pferde jeder Altersstufe vom ungerittenen, jungen Hengst bis zum voll ausgebildeten Pferd zu reiten und auf ihrem Ausbildungsweg zu begleiten. In keiner anderen Schule sonst wird so viel Wert auf den korrekten Sitz und seine Einwirkung auf das Pferd gelegt wie in der Wiener Schule. Darüberhinaus gibt es kaum einen Ort auf der Welt, mit Ausnahme der iberischen Halbinsel, an dem man die Möglichkeit hat, die Arbeit an der Hand in Vollendung zu erlernen.

In der Wiener Reitschule blieb ich acht Jahre, bevor ich mich selbständig machte und begann, Turnierpferde auszubilden.

Ein Zufall brachte es mit sich, dass ich mich mit iberischen Pferden beschäftigen sollte. Ich kam zu dem Lusitanohengst Cartucho, welchen Sie noch öfter in diesem Buch sehen werden. Dieses Pferd war der Auslöser, der mich

Der Autor auf dem Lusitanohengst Cartucho und seine Gattin auf dem PRE Hengst Julepe auf Schloss Rosenburg in Niederösterreich.

für anderthalb Jahre nach Spanien und Portugal führte, um dort mein Wissen um die Reitkunst an ihrem Ursprungsort zu erweitern.

Heute arbeite ich nach altklassischen Grundsätzen der Reitkunst mit fast allen dazu geeigneten Pferderassen. Meine Religion bringt es mit sich, dass sich meine Einstellung gegenüber dem Lebewesen Pferd seit einigen Jahren grundlegend gewandelt hat. Ich bin seit fast zehn Jahren Buddhist und lernte mit dieser Lebensphilosophie eine der wenigen Religionen kennen, welche alles Leben gleich setzen und die Harmonie zwischen allen Wesen predigen. Die Grundsätze „Trenne deinen Geist niemals von Liebe und Mitgefühl" und „Der Weg ist das Ziel" verlassen mich heute bei meiner Arbeit mit Pferden nie. Für mich ist das Pferd ein Lebewesen wie Sie und ich, mit ebensolchen Gefühlen, Stärken, aber auch Fehlern und Schwächen, über welche man manchmal auch hinwegsehen können muss.

Einleitung

„Reitkunst", dieser Begriff liegt heutzutage in aller Munde. Doch was ist Reitkunst? Bedeutet Reitkunst oder „die Kunst Pferde auszubilden", dass man auf dem Niveau der hohen Schule reitet!? Nein, das Wesen der Reitkunst liegt viel tiefer. Reitkunst beginnt da, wo ich mit einem Pferd umgehe und wie ich mit meinem Pferd umgehe.

Einen guten Reiter zeichnet aus, dass er denkt wie ein Pferd, das heißt, er ist mit den Gedankengängen eines Pferdes und seinen Reaktionen vertraut.

Reitkunst bedeutet, Ursachen und Wirkungen zu durchschauen. Dies beginnt bereits bei der korrekten, möglichst artgerechten Haltung und dem mitfühlenden Anreiten eines jungen Pferdes, ohne ihm gleich in den ersten Lektionen negative Erfahrungen zu vermitteln.

Das Lebewesen Pferd soll ein freudig mitarbeitender Partner sein, nicht ein zum Sportgerät degradierter Gegenstand, den man bei Bedarf in die Ecke stellt: das ist die Kunst mit Pferden umzugehen und sie auszubilden.

> *„Reite ein Pferd so wie es sich selbst gefällt wenn es sich ein stolzes und schönes Ansehen geben will"*
>
> *(aus „Über die Reitkunst" von Xenophon)*

Wenn Sie nach diesen Regeln mit Ihrem Partner Pferd umgehen, wird er freudig mitarbeiten und alles für Sie tun. Ja mehr noch, er wird Sie vielleicht mehr lehren als Sie imstande sind ihn zu lehren: Dinge wie mitfühlende Liebe, Sensibilität und Bescheidenheit. Die höchsten menschlichen Tugenden, ohne die wir nicht imstande sind mit Pferden zu arbeiten, sollen sie nicht ihre natürliche Anmut und Grazie verlieren.

Sie werden sich vielleicht wundern, dass ich in manchen Abschnitten dieses Buches mehr oder weniger detailliert auch auf die klassische Arbeit mit dem gerittenen Pferd Bezug nehme. Die Ursache dafür liegt darin, dass im klassischen Ausbildungssystem Bodenarbeit und Reitarbeit auf das Engste miteinander verwoben sind. Für viele Lektionen wie zum Beispiel die Piaffe stellt die Bodenarbeit den idealen Lehrweg dar, für

Vollkommenes Vertrauen als Grundsätze der Reitkunst.

andere wiederum das ideale Mittel zur Verbesserung und Verfeinerung. Einige Lektionen müssen, bevor sie an der Hand gezeigt werden können, dem Pferd vom Sattel aus beigebracht werden. So ist und bleibt die Arbeit unter dem Reiter stets untrennbar mit der Arbeit an der Hand verbunden!

Um Ihnen, geschätzte Leser, den gesamten Ausbildungsweg eines klassisch gearbeiteten Pferdes vor Augen zu führen, habe ich daher einige wesentliche Grundsätze der klassischen Reitausbildung in den Themenkatalog dieses Buches mitaufgenommen. Nur die Gesamtheit aller Einzelteile ergibt jenes harmonische Ganze, das wir in der klassischen Ausbildung, ob an der Hand oder unter dem Sattel, zu erreichen suchen.

Es soll in dieser Einleitung noch gesagt werden, dass nichts von dem, was ich hier schreibe, „meine Methode" ist, so wie viele so genannte Reitgurus von sich behaupten, eine neue Methode erfunden zu haben. Vielmehr sind es Jahrhunderte, ja Jahrtausende alte Erfahrungen, welche auch ich selbst im Laufe meines Lebens machen durfte. Es handelt sich deshalb hier um keine neuen Erkenntnisse, weil sich weder Mensch noch Pferd in ihrem äußeren Erscheinungsbild und ihren körperlichen Gegebenheiten während der letzten Jahrhunderte grundsätzlich verändert haben.

Alles was Sie hier lesen werden, beruht auf den Erfahrungen vieler alter Meister der Reitkunst und meinen eigenen, es ist sozusagen „klinisch getestet", um mit modernen Worten zu sprechen. Ich wünsche Ihnen also viel Spaß beim Lesen und Anwenden alten Reiterwissens!

Geschichte und Ursprünge der Arbeit an der Hand

Lassen Sie mich etwas weiter ausholen! Die Bodenarbeit hat als gymnastizierende Arbeit mit Pferden ihren Ursprung bereits in der Antike. Schon Xenophon, geboren im alten Griechenland um 430 v.Chr., lehrte ein System, das auf dem Training der olympischen Athleten beruhte, welches er auf Pferde übertrug. So erschuf er die erste uns erhaltene Reitlehre, die bis heute auch bei uns noch Gültigkeit hat. Seine wohl berühmteste Aussage war:

> *„Der Sinn der Dressur liegt darin, das Pferd zu befähigen, das Gewicht des Reiters möglichst bis ins hohe Alter, ohne selbst Schaden zu nehmen, zu tragen."*

Ich denke, diesen Satz sollte man sich gerade heute wieder ins Gedächtnis rufen! Auch im Altertum begann man, Pferde vom Boden aus zu arbeiten, da man erkannte, dass die Arbeit an der Hand vieles erleichterte.

Nach der Antike war die Reitkunst bis zum Ende der dunklen Zeit der Menschheit, dem Mittelalter, sozusagen auf Eis gelegt. Erst in der Renaissance, also etwa um das Jahr 1670, erlebte sie eine neue Blüte. Hier liegen die ersten wirklich interessanten Ursprünge der Arbeit an der Hand.

Antoine de Pluvinel, seines Zeichens „Ecuyer du Roy", Reitlehrer seiner Majestät des Königs von Frankreich, gilt als der Erfinder der Longierpfosten und der paarig angeordneten Pfosten, der so genannten Pilaren. Wenn er auch vielleicht nicht wirklich ihr Erfinder war, was sich heute nicht mehr eindeutig beweisen lässt, so war er doch der Erste, der diese Art der Bodenarbeit in sein System Pferde auszubilden integrierte. Er hinterließ uns

Aus Pluvinels „Le Instruction de Roy": Arbeit in den Pilaren mit Reiter

ein schriftliches Werk seines Wirkens, die so genannten Reitunterweisungen für seinen König („L`Instruction du Roy"). Seine Arbeit war und ist jedoch mit dem Nachteil behaftet, dass die Pilarenarbeit nicht für jedes Pferd geeignet ist und außerdem sehr gefährlich sein kann, wenn sie falsch gehandhabt wird. Davon wird später noch ausführlich die Rede sein.

Zu jener Zeit lagen die Prioritäten noch in der Ausbildung des Pferdes zu kriegerischen Zwecken. Der Kampf Mann gegen Mann zu Pferd stand hier im Vordergrund. So mussten Pferde fähig sein, äußerst enge Wendungen bis hin zu Galopppirouetten, schnelles Anreiten aus dem Stillstehen oder plötzliches Anhalten nur auf feinste Gewichtshilfen des Reiters auszuführen, denn beide Hände waren ja zumeist mit dem Kampf, sprich dem Umgang mit Waffen beschäftigt.

Zu Beginn des 18. Jahrhunderts wurde die Reitkunst zum Teil Selbstzweck. Es war dies die Ära der französischen Reitkunst, welche, geprägt durch Francois Robichon de la Guérinière, sehr viel Wert auf eine die Reitarbeit ergänzende Bodenarbeit legte. Guérinière schrieb sein Wissen in „Prinzipien französischer Reitkunst" nieder und war der Erste, der auf eine „feine" Art Pferde auszubilden Wert legte. Er wendete die Pilarenarbeit Pluvinels nur bei ausgesuchten Pferden an und arbeitete sie frei an der Hand mit dem Kappzaum, wie die Spanische Reitschule dies bis heute praktiziert.

Etwas später beschäftigte sich neuerlich ein Reitmeister eingehend mit der Arbeit an der Hand, nämlich um 1840 der königlich-preußische Stallmeister des Militärinstitutes Hannover. Auch er arbeitete speziell mit den Pilaren und verfasste ein Werk über die „Bearbeitung des Reit- und Kutschpferdes in den Pilaren", welches sich recht ausführlich mit diesem Thema beschäftigt.

Mazzuchelli (1760-1830) kann man als den Erfinder der Doppellongenarbeit bezeichnen. Er veröffentlichte das Werk „Elementi de Cavalerizza" und beschäftigte sich eingehend mit dem Thema Bodenarbeit. Er entwickelte die am inneren und äußeren Ring des Kappzaumes eingehängte Longe, die so genannte Doppellonge.

Es gäbe noch recht viele Reitmeister zu nennen, die sich mit der reiterlosen Arbeit beschäftigten, wie zum Beispiel den Engländer James Fillis oder den Zirkusreiter Baucher, der ein Schüler von Mazzuchelli war. Sie sind jedoch in der klassischen Dressurszene als

Nach Mazzuchelli: Arbeit an der Doppellonge mit „Spanischem Reiter"

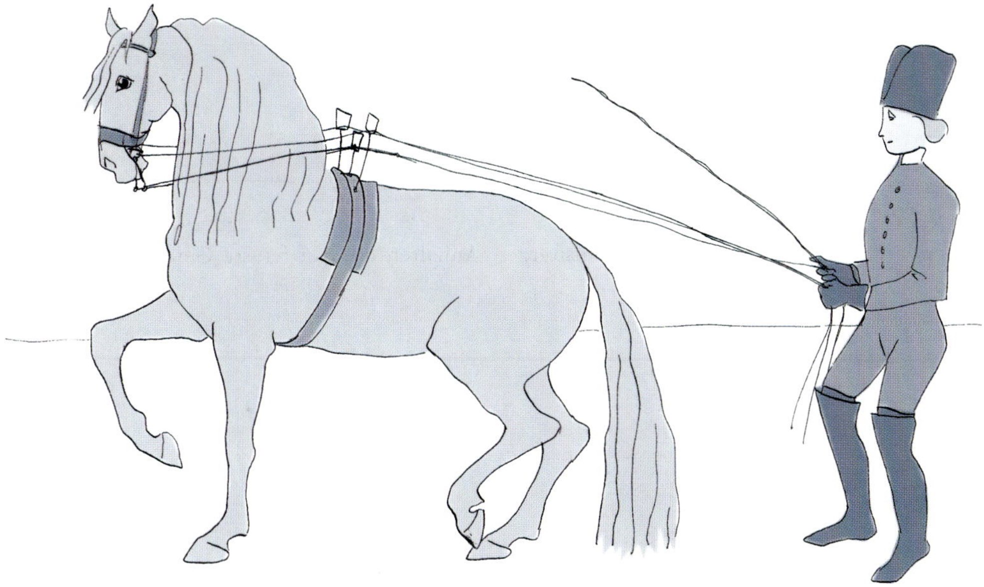

Scharlatane verschrien, da man viele ihrer Grundsätze falsch auslegte und sie darüberhinaus ihren Pferden allzu oft der Natur zuwiderlaufende Lektionen „andressierten" wie Galopp rückwärts oder Piaffe auf drei Beinen und Ähnliches. Die Kritiker dieser Reitmeister, die es bis heute gibt, bedenken oft nicht, mit welchem Pferdematerial damals gearbeitet wurde. Bei jeder Reitlehre, mit der man sich auseinander setzt, sollte man bedenken, mit welcher Rasse und mit welchem Material sich der jeweilige Ausbilder beschäftigte. Nur dann kann man Schlüsse und Lehren aus dem jeweiligen Werk ziehen.

Bei allen widernatürlichen Dingen, die James Fillis seinen Pferden zumutete, muss man doch anerkennen, dass er wohl ein begnadeter Reiter war, denn wie sonst wäre es möglich gewesen, ein Pferd derartig widernatürliche Dinge zu lehren?

Physische und psychische Voraussetzungen von Ausbilder und Pferd

Die Voraussetzungen für Ausbilder und Pferd, um sich mit dem Thema Bodenarbeit zu beschäftigen, sind sowohl psychischer wie auch physischer Natur.

Psychisch gesehen wird ein denkender, mitfühlender Ausbilder vorausgesetzt, welcher ein sehr gutes Auge für Bewegungsabläufe hat und keinerlei Tendenz, dem Pferd gegenüber zornig zu werden und es ungerecht zu bestrafen, zusammengefasst also ein charakterlich gefestigter Mensch. Da Bodenarbeit niemals losgelöst von der eigentlichen Reitarbeit gesehen werden kann, ist physisch gesehen der korrekte Sitz des Ausbilders von vorrangiger Bedeutung, denn dieser bildet die Basis unserer Reitkunst. Nicht umsonst wird an der Spa-

Der korrekte klassisch-moderne Sitz

nischen Reitschule in Wien so viel Wert auf die Sitzausbildung gelegt. Einige Jahre Sitzlektionen an der Longe für jeden Eleven sind der Ausdruck dafür.

DER KORREKTE SITZ DES REITERS

Stellen Sie sich vor, Sie hätten einen 20 Kilogramm schweren Affen in einem Rucksack auf Ihrem Rücken. Der Affe zieht und zerrt unruhig in seinem Sack nach links, während Sie nach rechts gehen wollen. Sind Sie geübt, so wird es Ihnen zumindest unangenehm sein. Sind Sie ungeübt, wird Ihnen das gerade Gehen bereits Mühe machen. Ähnlich und noch schlimmer geht es unseren Pferden, die ja nicht unseren Intellekt besitzen, wenn der Reiter einen ungeübten und nicht koordinierten Sitz hat. Wie häufig beobachtet man Reiter, die nach rechts traversieren wollen, aber ihr Pferd dadurch behindern, dass sie nach links hängen. Womöglich strafen sie ihr Pferd noch, weil es nicht imstande ist, das Verlangte nach ihren Vorstellungen auszuführen!

Der Sitz des Reiters hat sich über die Jahrhunderte verändert und verfeinert, immer abgestimmt auf die jeweiligen Erfordernisse und die Kenntnisse der Zeit, in der die Menschen lebten. So war der Sitz in der Renaissance ein anderer als heute. In dieser Zeit kämpfte man zu Pferd noch immer und sehr gerne mit Lanzen. So war der ritterliche Lanzengang im Turnier noch etwas durchaus Übliches. Aus diesem Grund saß man damals, aus heutiger Sicht gesehen, im Spaltsitz mit zu weit nach vorne genommenem Bein. Dies war ein wertvoller Halt: man stützte sich im Steigbügel stark ab und fand Gegenhalt an den damaligen, hohen Hinterzwieseln der Stechsättel.

In der Barockzeit war der Lanzengang eher unüblich, daher veränderte sich der Sitz. Das Bein wanderte etwas nach hinten, der Steigbügel war jedoch aus heutiger Sicht zu lang. Die Reiterei wurde zur Kunst und das Pferd zur Unterstützung der Persönlichkeit des Reiters. Eleganz zählte, daher das überlange Bein im zu langen Steigbügel und der extrem kurze Oberkörper, mit dem viele adelige Reiter dieser Zeit auf Gemälden dargestellt wurden. In dieser Zeit wurde alles überzeichnet und idealisiert, es war eben die Epoche der Künste.

Der Sitz, den wir heute praktizieren, ist zweckmäßig und wirkungsvoll für den Reiter, schonend für das Pferd und nebenbei auch noch elegant und schön anzusehen. Er entstammt dem Klassizismus, der Militärreiterei des 19. Jahrhunderts. Auch hier waren praktische Erfordernisse der Anstoß, die Haltung des Reiters auf dem Pferd zu verändern. Man benötigte einen Sitz, der auch das Überwinden von Hindernissen mit dem Pferd zuließ. Der Steigbügel wurde kürzer (man bekam „Bügeltritt") und die Haltung aufrecht, mit leichter Spannung und tief getretener Ferse. Der klassische Schulsitz war geboren!

Im Detail sieht der klassische Sitz folgendermaßen aus:

Der Kopf blickt gerade und aufrecht in die Bewegungsrichtung des Pferdes. Beide Schultern werden ohne Verspannung locker fallen gelassen, sind leicht zurückgenommen und immer parallel zur Pferdeschulter (siehe Seitengänge). Der Oberarm liegt locker am Körper an, die Unterarme und Hände bilden eine Linie mit dem Zügel. Die Hand wird im Idealfall etwa eine Handbreit über dem Widerrist leicht getragen und derart aufgestellt, als ob wir zwei Wassergläser vor uns her tragen wollten. Der Rücken ist ebenfalls gerade, ohne Hohlkreuz und Verspannung. Die Hüfte wird parallel zur Pferdehüfte gehalten und schwingt leicht mit der Bewegung des Pferdes mit, ohne diese zu verstärken. Das Reiterbein ist leicht angewinkelt und aus der Hüfte flach gedreht. So liegt es ruhig und mit flacher Wade am Sattel. Der Absatz ist tief getreten und schwingt mit jedem Trabtritt nach unten mit. Kopf, Schulter, Hüfte und Absatz bilden eine senkrechte Linie.

Auch auf der iberischen Halbinsel gilt: ohne korrekten Sitz keine korrekte Einwirkung.

DIE PHYSIK DES REITENS

Es gibt in Sitz und Wirkung des Reiters auf sein Pferd gewisse unabänderliche Auswirkungen und auch Grenzen, die aus der Anatomie von Reiter und Pferd entspringen und sich physikalisch erklären lassen.
Einige Beispiele sollen verdeutlichen, was ich damit meine:
Der Kopf des Reiters hat ein nicht unbeträchtliches Gewicht im Verhältnis zum Körper, weshalb es wichtig ist, in die Richtung, in die man reiten will, auch zu blicken. Eine Kopfwendung kurz vor der Wendung des Pferdes bewirkt oft wahre Wunder! Ähnlich ist es mit den Schultern, die parallel zur Pferdeschulter getragen werden sollen und so dem Pferd ebenfalls helfen, in Wendungen und Seitengängen unter das Reitergewicht zu treten.
Womit wir bei der Bedeutung des Reitergewichts angelangt wären. Das vermehrte Treten in einen Steigbügel bei Belastung des gleichseitigen Sitzknochens bringt das Pferd dazu,

in die entsprechende Richtung, nämlich unter das Gewicht zu treten. Hier kommt es teilweise zu Diskrepanzen zum Beispiel mit dem Westernreiten, bei dem man in manchen Lektionen das Pferd dazu bringt, entgegengesetzt auf das Reitergewicht zu reagieren. Nun, man kann ein Pferd fast alles lehren, auch, dass es auf das Kommando „Würstchen" rechts angaloppiert. In der Spanischen Reitschule nennt man eine derartige Vorgehensweise „Pudeldressur". Man konditioniert ein Pferd durch dauerndes Wiederholen auf ein Kommando. Dies hat jedoch weder mit Gymnastizierung noch mit Kunst zu tun.

Aus der angestellten Hüfte ergibt sich die treibende Funktion des Sitzes, indem man, ähnlich wie man einen Sessel unter sich zum Kippen bringt, auf das Pferd einwirkt (Versuchen Sie einmal den Trick mit dem Sessel, er macht die treibende Funktion des Sitzes um einiges verständlicher). Um nur durch den Sitz ein Pferd zu parieren, atmet man einfach tief aus, lässt die Hand nach einigen kurzen Paraden (Arrets) stehen und das Bein leicht angelegt. Probieren Sie diese Lektion zuerst aus dem Galopp in den Trab, sie werden sehen, es funktioniert auch bei jungen Pferden. Das leichte nach vorne Nehmen des Reitergewichtes wirkt bremsend auf das Pferd.

Beobachten Sie doch einmal Anfänger zu Pferd. Sie pendeln mit ihrem Oberkörper noch recht unkoordiniert hin und her. Die Auswirkungen auf das Pferd sind teilweise nicht zu übersehen. Der Oberkörper geht nach vorn und das Pferd wird etwas langsamer, worauf es plötzlich mit dem Schenkel getrieben wird. Es reagiert darauf mit Vorwärtsgehen, und dies meist etwas überraschend, da der Reiter eine verhaltende mit einer treibenden Hilfe auf eine Art und Weise kombiniert hat, die dem Pferd Missverständnisse bereitet. Nun, da das Pferd wieder vorwärts geht, fällt der Reiter mit seinem Gewicht hinter die Senkrechte und wirkt doppelt treibend, worauf das Pferd losstürmt. In seiner Hoffnung, das Richtige zu tun, wird es allerdings durch die Hand des Reiters jäh gebremst und die ganze Sache beginnt schlussendlich von vorne.

Wie Sie sehen, gibt es tatsächlich gewisse, nicht zu verändernde Auswirkungen des Reiters auf das Pferd und nun verstehen Sie wahrscheinlich, warum in der klassischen Ausbildung so viel Wert auf einen korrekten Sitz, als Basis jeder Reiterei, gelegt wird.

DIE KÖRPERLICHEN UND GEISTIGEN VORAUSSETZUNGEN DES PFERDES

Die psychischen Voraussetzungen für die Handarbeit sind beim Pferd ähnlich gelagert wie beim Menschen. Verlangt wird ein charakterlich ehrliches Pferd ohne übersteigertes Dominanz-Verhalten, wie es bei Vollbluthengsten hin und wieder vorkommen kann.

Lassen Sie mich die verschiedenen Pferdecharaktere bezugnehmend auf die Bodenarbeit später noch genauer aufschlüsseln. Zunächst möchte ich auf die verschiedenen Pferdetypen und ihre körperlichen Vorzüge und Schwächen im Hinblick auf die Arbeit an der Hand eingehen.

DAS QUADRATPFERD

Wie der Name schon sagt, handelt es sich um ein Pferd im Quadratformat. Bei diesem Pferdetyp ist das Maß von der Schulter bis zum Sitzknochen gleich lang wie seine Höhe bis zum Widerrist. Der große Vorteil dieser Pferde liegt darin, dass sie körperlich zu sehr hoher Versammlung fähig sind. Dies liegt in der Tatsache begründet, dass die Hinterhand sich leichter an die Vorhand annähern kann und das Pferd somit schneller und leichter zum vermehrten Tragen des Eigengewichtes (und dessen des Reiters) auf der Hinterhand imstande ist. Solch ein Pferdetyp zeigt zumeist überragende versammelte Lektionen wie Piaffe, Passage und Galopppirouetten, hat aber oft nicht so viel Raumgriff und daher eher nur durchschnittliche Begabung für Verstärkungen wie Mitteltrab und Mittelgalopp. Typische Quadratpferde sind zum Beispiel Andalusier, Lusitanos oder Lipizzaner.

Quadratpferd

DAS RECHTECKPFERD

Die meisten Sportpferde zählen heute zum Typ der Rechteckpferde. Der große Vorteil dieser Pferde liegt in ihrem enormen Gangmaß, also in großen, raumgreifenden Bewegungen. So sind Pferde, welche im Rücken länger sind, auch zu längeren Tritten imstande. Diese Pferde haben meist „nur" eine mittelmäßige Gabe zu Versammlung, ihre Stärken äußern sich vielmehr in den im Sport verlangten Schwungentfaltungen wie Mitteltrab und starker Trab sowie Mittelgalopp, aber auch in einer Verlängerung der

Pferd im Rechteckformat

Korrekt und regelmäßig gebautes Pferd

Schritttritte. Die Versammlung solcher Pferde kann durch die Arbeit an der Hand enorm gesteigert werden, muss aber entsprechend vorsichtig vonstatten gehen, da diese Pferde Versammlung und Aufrichtung erst lernen müssen.

FEHLER UND VORZÜGE IM KÖRPERBAU

Beginnen wir an der Hinterhand, da wir unsere Pferde ja auch von hinten über den Rücken und durch das Genick arbeiten.

Hier wäre eine wesentliche und wichtige Voraussetzung zu beachten, nämlich die Hankenbiegung, jener Winkel zwischen Ober- und Unterschenkel, dessen Ausprägung uns die Arbeit erschwert oder erleichtert. Schwierigkeiten bei der Hankenbiegung kann es bei Pferden geben, welche offene Sprunggelenke, das heißt einen zu großen Winkel der Sprunggelenke haben, oder säbelbeinig sind. Unter Säbelbeinigkeit versteht man die zu starke Winkelung der Sprunggelenke. Will man ein solches Pferd nicht frühzeitig verschleißen, ist es wichtig, die vermehrt biegende Arbeit erst nach allgemeiner Kräftigung der Mukulatur und Sehnen zu verlangen. Auf den ersten Blick sagt auch der Schweifansatz sehr viel über die Qualität der Hinterhand aus: ein hoher Schweifansatz spricht für mäßige Versammlungfähigkeit, ein tiefer Schweifansatz für hohe Versammlungsfähigkeit.

Am Rücken ist der Kruppanschluss sehr wichtig: Ein starker und direkter Anschluss der Kruppe befähigt das Pferd dazu, die Kraft, welche es in der Hinterhand entwickelt, umzusetzen und sich zu tragen, sie ist also ein Maß für die Tragfähigkeit. Im Idealfall trägt das Pferd zwei Drittel seines Gewichtes mit der Hinterhand. Ein schwacher Kruppanschluss hingegen wird dem Pferd zumindest Schwierigkeiten in der Tragkraft bereiten. Dem Rücken des Pferdes sollte besondere Aufmerksamkeit geschenkt werden, ist dies doch der Teil, auf dem wir sitzen. Wir sollten auf passende Sättel als Voraussetzung und ein gutes Training der Rückenmuskulatur achten, denn es gibt nur allzuviele Pferde mit meist unerkannten Rückenproblemen. So sollte der Rücken breit und stark bemuskelt sein sowie nicht zu lang im Verhältnis zum Stockmaß.

Eine gute Winkelung der Vorhand macht die Bewegungen des Pferdes leichter und graziler und beeinflusst den erwünschten Raumgriff positiv. So gehen Pferde mit sehr steiler Schulter meist etwas steif und mit wenig Schulterfreiheit und lassen den Reiter nur mäßig sitzen. Die Halsung des Pferdes ist ein wichtiges Kriterium, denn sie bestimmt die Aufrichtung, zu der unser Pferd fähig ist. So ist ein hoch in der Schulter aufgesetzter Hals, wie ihn die meisten Barockpferde haben, für die Dressur äußerst günstig. Der Hals sollte nicht „eingesteckt", sondern fließend aus der Schulter wachsen. Der Halsansatz (Übergang Hals-Kopf) sollte nicht zu stark (Gefahr des fest gehaltenen Genicks, „stiernackig"), und nicht zu schwach sein (Gefahr des verworfenen Genicks). Ebenso wichtig ist die Freiheit in den Ganaschen, denn sind diese zu eng, zeigt das Pferd meist Beizäumungsprobleme.

Dem Maul des Pferdes wird meist zu viel Bedeutung beigemessen, da wir unser Pferd ja von hinten nach vorne und nicht umgekehrt arbeiten sollten. Einige Punkte jedoch gilt es hinsichtlich der Maulbeschaffenheit zu beachten, bestimmt sie doch die Wahl der Gebissform. Eines der wesentlichen Kriterien ist die Höhe und Wölbung des Gaumens. Bei einem flachen Gaumen stechen Gebisse mit hoher Zungenfreiheit oder einfach gebrochene Trensen in das Gaumendach und können es verletzen. Beim Abtasten des Ladens spürt man, ob dieser eher kantig (empfindliches Maul) oder eher rund ist (etwas unempfindlicheres Maul), eine dicke Zunge bildet ein stärkeres Polster unter dem Gebiss als eine dünne. Arbeiten wir mit einem Wallach oder Hengst, so ist außerdem die Höhe seines Hakenzahnes zu beachten. Der individuelle Geschmack (manchmal im wahrsten Sinne des Wortes) bestimmt die Wahl des Materials.

Fehlerhaftes Pferd: zu tief aufgesetzter Hals, steile Vor- und Hinterhand

DER EINFLUSS DES CHARAKTERS AUF DIE AUSBILDUNG

Der Einfluss des Charakters eines Pferdes auf seine Ausbildung ist nicht unerheblich, ja ich würde sogar sagen ausschlaggebend und meist wichtiger als das Exterieur. So habe ich viele Pferde erlebt, welche ihren eher mangelhaften Körperbau durch großen Lernwillen und hohe Intelligenz wettmachten. Umgekehrt gibt es jedoch sehr wohl Pferde, die über einen beinahe perfekten Körperbau verfügen, aber aufgrund ihrer Charakterzüge für die Reitarbeit und im Speziellen für die klassische Reitkunst ungeeignet sind.

Für die Bodenarbeit sind Pferde von mäßigem bis starkem, aber gutmütigem Temperament brauchbar. Pferde, welche ein überschäumendes, nicht zu beruhigendes Temperament besitzen oder durch den Menschen verdorben wurden, sind nur mäßig geeignet. Nichtsdestotrotz kann man auch solche Pferde, so man mit den verschiedenen Möglichkeiten der Arbeit an der Hand vertraut ist, durchaus bis zu einem gewissen Grad korrigieren. Voraussetzung für eine solche Korrektur ist allerdings, dass unser Pferd trotz aller natürlichen oder durch den Menschen hervorgerufenen Charakterprobleme ehrlich geblieben ist. Notorische Steiger oder Schläger sind nur in Ausnahmefällen zu korrigieren.

Pferde von nur mäßigem Temperament sind durch die Bodenarbeit oft sehr gut „elektrisch" zu machen, das heißt etwas sensibler, aufmerksamer und mit weniger Energieaufwand durch den Ausbilder zu aktivieren. Pferde von starkem aber regelbarem, gutmütigem Temperament haben sich bisher als ideal erwiesen.

Grundlegende Begriffe der Reitkunst

Bevor wir uns nun der eigentlichen Bodenarbeit zuwenden, sollen einige Grundprinzipien der Reitkunst erläutert werden, die in hohem Maße auch für die Arbeit an der Hand Gültigkeit haben.

Das Ziel der Reitkunst ist es ein Pferd heranzubilden, das geschmeidig, gehorsam, ruhig und von angenehmer Bewegung ist. Die Arbeit mit einem solchen Pferd ist nicht anstrengend, sondern geprägt von Leichtigkeit, der so genannten „Lègèreté", wie die Franzosen es bezeichnen. Sehr oft hörte ich von meinen Lehrern in der Spanischen Reitschule Wien: „Immer lègère bleiben!" Dies gilt für alle Pferde, gleichgültig ob wir ein Pferd der Campagneschule, ein Spring- oder Dressurpferd ausbilden oder erst recht Pferde, die für die praktische Arbeit gedacht sind, wie die Pferde der spanischen und portugiesischen Stierhirten und Rejoneadores. Um seine

Die Kontrolle der Zäumung ist vor dem Reiten obligatorisch.

Arbeit mit dem Pferd zu überprüfen, sollte man sich von Zeit zu Zeit die gundlegenden Begriffe der Reitkunst vor Augen führen.

In der Spanischen Reitschule verwendet man den alten Begriff „Lektion" für die tägliche Arbeit mit dem Pferd. Diese gliedert sich in verschieden lange Wiederholungen, die immer wieder durch Ruhe und Entspannungsphasen unterbrochen werden müssen, um das Pferd nicht zu überfordern. Um unser Pferd etwas zu lehren, darf es nicht zuerst müde geritten werden, sondern man versucht, die Energie, die einem ein Pferd zu Verfügung stellt, optimal zu nutzen. So sollte ein Pferd am Ende der Lektion noch genauso lebhaft treten wie zu Beginn. Wichtig ist, die Übung zu beenden, bevor das Pferd die erste Schwäche zeigt! Bei einer gelungenen Übung nutzen wir das sehr gute Gedächtnis des Pferdes, indem wir die Lektion sofort beenden, es loben, absitzen und abgehen oder in den Stall führen. Auf keinen Fall darf ein Pferd mit einem negativen Eindruck die Arbeit beenden, denn so wie Sie ihr Pferd in den Stall stellen, werden Sie es am nächsten Tag wieder herausführen: sauer oder mit Freude bei der Arbeit.

Wenn ein Pferd beginnt, bei einer Lektion mitzudenken, oder gar einen vorauseilenden Gehorsam zeigt, das heißt den Hilfen des Reiters zuvorkommt, ist das an sich ein gutes Zeichen - es ist eben mit Freude dabei! Niemals dürfen Sie ein Pferd dafür strafen. Es muss jedoch lernen, die Lektion nur auf Ihre Hilfe hin auszuführen, weshalb ein häufiger Wechsel des Platzes, an dem die Übung verlangt wird, und eine wechselnde Reihenfolge der Übungen wichtig ist.

Neben dem Wissen über Psychologie und Physiologie ist es auch wichtig, eine Vorstellung von der Bewegung und dem Gleichgewicht eines Pferdes zu haben. Theorie kann die Praxis zwar nicht ersetzen, aber das Wissen sollte immer dem Handeln vorausgehen!

GRUNDGANGARTEN UND GÄNGE DER HOHEN SCHULE

Die einfachen natürlichen Gänge sind Schritt, Trab und Galopp, die Gangarten der hohen Schule darüberhinaus Seitengänge, Piaffe, Passage und das Rückwärtstreten. Unter Gängen versteht man die verschiedenen Fußfolgen in der Bewegung. Das Tempo bezeichnet die zurückgelegte Strecke in einem bestimmten Zeitraum, wobei der Takt - das gleichmäßige oder taktmäßige Treten - sich im Idealfall nicht verändern sollte. Als Kadenz wird das Aushalten zwischen den Tritten bezeichnet. Deutlichere Kadenz zeigt das Pferd bei beginnender und verstärkt bei mittlerer und hoher Versammlung, wobei gespannte Tritte nicht mit Kadenz oder gar höherer Versammlung verwechselt werden dürfen. Gespannte Tritte oder Schwebetritte zeugen von einem in der Oberlinie (also Hals-Rückenlinie) verspannten Pferd. Takt und Kadenz haben nicht dieselbe Bedeutung, auch wenn es anfänglich den Anschein geben könnte. So kann auch ein steifes, ausdruckloses Pferd durchaus im Takt, also Rhythmus, traben, ohne jedoch dabei Kadenz zu zeigen. Hingegen ist Kadenz ohne

Rhythmus nicht möglich. Ohne Takt verliert das Pferd deutlich an Ausdruck, der Trab wird unrein.

Um in allen Gangarten den Takt und die Kadenz zu sichern und auch zu überprüfen, empfiehlt es sich, ein Metronom zu verwenden. Den individuellen Takt Ihres Pferdes können Sie anhand eines Videos herausfinden, indem Sie die Tritte pro Minute zählen. Nun können Sie das Metronom auf diesen Takt einstellen und mit Ihrem Pferd an der Hand oder unter dem Reiter arbeiten. Mit fortschreitendem Grad der Ausbildung in höherer Versammlung oder in Piaffe und Passage werden die Pferde kadenzierter treten. Der Ausdruck eines Pferdes verändert sich oft überraschend bei nur geringer Veränderung von Takt und Kadenz. Haben Sie ein Musikstück, das im Takt zu Ihrem Pferd passt, ist das sicher die angenehmere Lösung im Gegensatz zu dem leblosen Ton des Metronoms. Wollen Sie jedoch ein Metronom verwenden, so finden Sie im Instrumentenhandel Metronome klein wie eine Taschenuhr, die sich am Kragen oder an der Jacke festklemmen lassen.

SCHRITT

Die Beine des Pferdes werden im Schritt nacheinander auf den Boden gesetzt, dadurch werden vier Hufschläge hörbar: linkes Vorderbein, rechtes Hinterbein, rechtes Vorderbein, linkes Hinterbein. Oberster Grundsatz im Schritt ist: Gleichseitig, aber nicht gleichzeitig!

Im Schritt befindet sich das Pferd stets mit zwei oder drei Beinen am Boden, es gibt keine Schwebephase. Eine Veränderung des beschriebenen Schritttaktes bezeichnet man als veränderte oder gefährdete Fußfolge bis hin zum in der Reitkunst fehlerhaften Passgang! Ebenso fehlerhaft ist das Übereilen, bei dem das Pferd bei zwar gleich bleibendem Schritttakt übereilt vorwärts strebt. Weder im versammelten Schritt noch im Mittelschritt oder starken Schritt verändert sich die Fußfolge, sondern nur die Trittlänge sowie in der Versammlung die Erhabenheit der Tritte. Während im Mittelschritt und im starken Schritt ein Übertreten des Hinterbeines über die Hufspur des Vorderbeines verlangt wird, ist das im versammelten Schritt nicht nötig, das Pferd darf eine halbe bis eine Hufspur hinter dem Trittsiegel der Vorhand bleiben. Im Training wird man jedoch häufiger im Normalschritt als im versammelten Schritt arbeiten, um die Fußfolge nicht zu gefährden. Das Pferd soll sich im Schritt schreitend fortbewegen, dieser Satz sagt wohl fast alles mit ein paar Worten aus.

TRAB

Im Trab fußen die diagonalen Beinpaare gleichzeitig ab: linkes Hinterbein und rechtes Vorderbein, Schwebephase, rechtes Hinterbein und linkes Vorderbein, Schwebephase. Das Pferd trägt also sein eigenes Gewicht und gegebenenfalls das des Reiters jeweils auf dem diagonalen Beinpaar! Wie im Schritt bleibt auch im Trab die Fußfolge unabhängig vom

Julepe im Trab geradeaus

Tempo. Verkürzt man das Tempo, so verkürzt sich auch die Schwebephase. Legt man hingegen zu, verlängert also die Tritte oder reitet gar starken Trab, verlängert sich auch die Schwebephase.

Im versammelten Trab verweilt das Pferd etwas länger auf dem jeweiligen diagonalen Beinpaar, es trägt sich. Darüberhinaus hebt das Pferd seine Beine etwas höher, und eben diese erhabenen, taktmäßigen und lebhaften Tritte bezeichnet man als kadenzierte Tritte. Auch hier muss die Hinterhand das Trittsiegel der Vorspur nicht erreichen, sie darf wie im Schritt eine halbe bis eine Hufspur hinter der Vorhand zurückbleiben. Im Arbeitstrab erreicht das Pferd die Spur der Vorhand, während es im Mitteltrab oder starken Trab deutlich übertritt. Im starken Trab, früher als Stechtrab bezeichnet, erreichen die Pferdebeine die größte Streckung im Trab.

Fehlerhaft ist es, wenn das so genannte „Einklappen" im Trab, aber speziell im verstärkten Trab hörbar wird. Dabei greift das Pferd mit der Zehenspitze des Hinterhufes in die Zehe des Vorderbeines. Das Pferd „klebt" mit der Vorhand, es kommt also mit der Vorhand später vom Boden weg als es mit der Hinterhand auffußt. Dies bedeutet, dass das Pferd auf der Vorhand geht. Die Folge ist oftmals ein abgezogenes Hufeisen. Die Reprisen des verstärkten Trabes müssen verkürzt werden, während das Pferd mit dem Schenkel dazu aufgefordert wird, sich vorne etwas zu heben.
Ein weiterer Fehler ist das so genannte „Blenden" oder „Tappen". Dabei tritt das Pferd mit der Hinterhand nur mäßig, oftmals sogar schleppend nach, streckt aber die Vorderbeine übermäßig. Auch hier muss die Hinterhand durch treibende Hilfen vermehrt herangeholt werden, um diesen Fehler auszugleichen. In der Ausbildung ist der Trab die wichtigste Grundgangart. Fehler, die sich hier einschleichen, wirken sich meist auch auf die anderen Grundgangarten aus.

Der Galopp ist eine gesprungene Dreitaktbewegung.

GALOPP

Der Galopp besteht aus Sprüngen, wobei drei Hufschläge hörbar sein müssen: äußeres Hinterbein, inneres Hinterbein und äußeres Vorderbein, inneres Vorderbein, Schwebephase. Anders als in den zwei anderen Grundgangarten gibt es im Galopp Links- und Rechtsgalopp, je nachdem welches Vorderbein gerade vorgreift. Es gibt Ein-, Zwei- und Dreibeinstützphasen, in denen das Pferd sein Gewicht und das des Reiters auf den jeweiligen Beinen trägt. Wie in den anderen Grundgangarten bleibt auch hier die Fußfolge immer die gleiche, egal in welchem Tempo sich das Pferd befindet.

Im Galopp gibt es, wie im Trab, vier Grundtempi: den versammelten Galopp, Arbeitsgalopp, Mittelgalopp und starken Galopp. Darüberhinaus kannte man früher noch die so genannte „Karriere", die den größten Raumgewinn im Galopp zeigt. Diese wurde im vorigen Jahrhundert bei Kavallerieattacken geritten, heute sieht man sie eigentlich nur mehr im Rennsport. Der korrekte Galopp ist eine lebhaft springende Bewegung, wie ein Gummiball sollte das Pferd federnd ab- und wieder auffußen.

Als fehlerhaft wird ein Galopp bezeichnet, bei dem vier Hufschläge hörbar werden. Hier berührt in der Zweibeinstützphase der innere Hinterfuß den Boden früher als der äußere Vorderfuß. Der Fehler entsteht durch Verkürzen des Tempos nur durch Zügelhilfen und ohne ausreichende Schenkeleinwirkung. Die Folge ist ein Schwungverlust, das Pferd galoppiert nicht mehr erhaben. Dies ist der gröbste Fehler, der im Galopp passieren kann! Fehlerhaft ist ebenfalls der so genannte „Kreuzgalopp", bei dem das Pferd hinten zum Beispiel rechts galoppiert und vorne links. Dieser Fehler tritt zumeist bei noch sehr schwachen Pferden auf, die ihr Unvermögen sich zu tragen im Kreuzgalopp äußern. Es gibt auch noch den so genannten „falschen Galopp", bei dem das Pferd auf der linken Hand rechts und auf der rechten Hand links galoppiert. Ist dies jedoch beabsichtigt, so spricht man von Kontergalopp oder Außengalopp. Nicht zu verwechseln mit dem Renversgalopp, er unterscheidet sich dadurch, dass das Pferd auf zwei Hufschlägen galoppiert.

RÜCKWÄRTSTRETEN

Beim Rückwärtstreten bewegt sich das Pferd in der Fußfolge des Trabes, also diagonal rückwärts, ohne jedoch eine Schwebephase zu zeigen. Ein Zurücktreten in der Schrittfußfolge (Vier-Takt) ist als fehlerhaft anzusehen. Das Rückwärtstreten zeigt den Gehorsam und die Durchlässigkeit eines Pferdes: dieses soll willig, aber nicht eilig, in Anlehnung rückwärtstreten, ohne dabei Schleifspuren im Sand zu hinterlassen.

PIAFFE

Als Piaffe bezeichnet man den höchst kadenzierten Trab auf der Stelle. Sie hat die gleiche Fußfolge wie der Trab, die Schwebephase jedoch dauert nur mehr einen Bruchteil eines Augenblickes. Fehlt die Schwebephase, wirkt die Piaffe ausdruckslos und unkorrekt. Der perfekte Piaffeur erhebt den Unterarm beinahe in die Waagrechte, der Huf des Hinterbeines wird zur gleichen Zeit bis in die Höhe des Fesselkopfes des Standbeines gehoben.

Fehlerhaft ist die Piaffe, wenn das Pferd nicht taktmäßig diagonal fußt oder nur die Beine der Vorhand angehoben werden und die Hinterhand am Boden klebt. Durch das Kleben der Hinterbeine kann das Pferd nicht sofort aus der Piaffe in den Trab übergehen, wodurch harmonische Übergänge verhindert werden. Letztendlich ist auch eine schwankende Piaffe, bei der das Pferd die Beine kreuzt, fehlerhaft. Die Piaffe ist eine erlernte Gangart, welche ebenfalls der Natur abgeschaut wurde. In seiner natürlichen Umgebung piaffiert das Pferd, wenn es sich in die Enge getrieben fühlt. Der Vorwärtsdrang wird verhindert, wodurch das Pferd auf der Stelle trabt. Es wird aber, sobald die Hinderung wegfällt, sofort wieder in den Trab übergehen.

Die Piaffe ist der höchst kadenzierte Trab auf der Stelle.

PASSAGE

In alten Büchern wird die Passage auch als „spanischer Tritt" bezeichnet. Hierbei federt das Pferd von einem diagonalen Beinpaar auf das andere, hält jedoch, je nach Körperbau und Veranlagung, die erhobenen Beinpaare länger und höher als im Trab. In der Passage erreicht das Pferd die längste Ausdehnung der Schwebephase. Im Idealfall wird der Eindruck erweckt, dass das Pferd frei von Schwerkraft über den Boden schwebt.

Die Passage erfordert ein starkes, gut durchgymnastiziertes Pferd, das imstande ist, ohne Verspannung sein Gleichgewicht vollkommen zu erhalten. Ist das nicht der Fall, so kommt es vor, dass die Hinterbeine nicht genügend tragen und nicht unter den Schwerpunkt treten. Dabei entstehen folgende Fehler:

- Eine zu kurze Schwebephase: das Pferd fußt zu früh auf, da es sein Gewicht nicht lange genug tragen kann.
- Unregelmäßiges Auffußen: das Pferd zieht ein Hinterbein mehr heran als das andere, ein Fehler, welchen man in der Spanischen Reitschule als „Kicksen" bezeichnet.
- Schwanken in der Passage („stricken"): das Pferd schwankt in der Bewegung und der Beobachter sieht in der Vorderansicht ein Kreuzen der Beine.
- Unkorrekt ist es weiterhin, einen Schwebetrab als Passage zu bezeichnen. Dieser zeugt nur von falscher Spannung, der das Pferd durch Schwebetritte zu entkommen sucht.

Claudia Dietz auf Julepe im Spanischen Schritt

Leider wird heute nur allzu oft die Passage dem Pferd zu früh abverlangt, da sie eine optisch sehr ansprechende Bewegung darstellt. Ich möchte davon abraten, diese Bewegung vor einer systematischen Grundausbildung zu verlangen, denn so könnte nur allzu leicht der Begriff „klassische Passage" verloren gehen.

Das Erlernen von Bewegungsfolgen, sind sie auch noch so natürlich, ohne die entsprechende Vorbereitung des Pferdes kann nur als Dressieren, nicht aber als Gymnastizieren bezeichnet werden.

DER SPANISCHE SCHRITT

Der spanische Schritt ist auf der iberischen Halbinsel wegen seines spektakulären Effektes sehr beliebt. Diese Gangart gilt nicht als klassisch, da nach herrschender Lehre Pferde in der Natur nicht über die Linie hinaustreten, die durch ein Lot gebildet wird, das von den Nüstern des Pferdes auf den Boden fällt. Beobachtet man jedoch Hengste frei auf der Koppel, wird man sehen, dass diese Richtlinie nicht stimmt, da sie im Kampfgebaren, mit den Vorderbeinen schlagend, sehr wohl über diese Linie hinaustreten. Und von eben diesem Kampfspiel der Hengste wurde der spanische Schritt abgeleitet. Im spanischen Schritt bleibt die Schrittfußfolge erhalten. Der Schritt ist leicht versammelt und das Pferd hebt die Vorderbeine im Idealfall bis annähernd an die Waagrechte gestreckt, ohne den Takt zu unterbrechen. Fehlerhaft ist der spanische Schritt, wenn das Pferd mit der Hinterhand nicht deutlich nachtritt. Durch diesen Mangel wird der Bewegungsfluss nach ein paar Tritten meist unterbrochen, da das Pferd vorne längere Tritte macht als hinten. Ebenfalls fehlerhaft ist das auf den Boden Schlagen der Vorderbeine: das Pferd soll seine Vorhand sanft aufsetzen, nur so hat der spanische Schritt auch wirklich etwas Erhabenes.

PARAMETER DER AUSBILDUNG

In diesem Abschnitt sollen einige der wichtigsten Ausbildungsparameter, die es auch bei der Arbeit an der Hand zu beachten gilt, dargelegt werden. Es handelt sich dabei nicht um eine Aneinanderreihung von Ausbildungszielen, die man eines nach dem anderen erreichen kann, sondern um ein System von Lehrinhalten, von denen jeder einzelne immer nur in Wechselwirkung mit allen anderen gesehen werden kann.

DAS PFERD IM GLEICHGEWICHT

Es gibt nur wenige Pferde, die sich von Natur aus, ohne gymnastizierende Vorbereitung, mit tänzerischer Gewandtheit bewegen. Wie auch der Mensch, so muss das Pferd erst lernen, sich im Gleichgewicht zu bewegen, besonders im

DIE PYRAMIDE DER KLASSISCHEN AUSBILDUNG

Hinblick darauf, nicht nur sein eigenes Gewicht, sondern auch das des Reiters zu tragen. Das Pferd trägt im Gegensatz zum Menschen sein Gewicht auf vier Beinen, der Schwerpunkt wird daher nicht, wie bei uns Menschen, direkt unterstützt. Wird ein Pferd falsch geritten, so trägt es sein Gewicht vermehrt mit der Vorhand, die aufgrund ihrer Anatomie nicht zum Tragen, sondern nur zum Abstützen geeignet ist: das Pferd befindet sich nicht im Gleichgewicht. Gleichgewicht jedoch ist die Grundbedingung für einen schwungvollen und korrekten Gang.

Erschwerend wirkt sich das hinzukommende Gewicht des Reiters aus. Um das Pferd in der korrekten Fortbewegung nicht zu stören, müssen wir also die Schwerpunkte beider Lebewesen in Übereinstimmung bringen. Hatten Sie einmal die Gelegenheit, ein junges Pferd anzureiten, so spürten Sie sicherlich die anfängliche Unbeholfenheit des Pferdes, die eine Folge der ungewohnten Gewichtsbelastung und des aus dieser resultierenden Verlustes des Gleichgewichtes ist. Nur wenige Pferde sind sofort von Natur aus im Gleichgewicht, sind sie es dennoch, erleichtert dies die Arbeit sehr. Man bezeichnet solche Pferde im Fachjargon als „vom Hengst geritten“, wobei die Anzahl solcher Naturtalente verschwindend gering ist. Durch das fehlende Gleichgewicht fehlt anfangs die schon genannte „Légéreté“, die Leichtigkeit in der Bewegung. In der Ausbildung des Pferdes wird diese Leichtigkeit durch vermehrtes, schwungvolles Herantreiben der Hinterhand unter den Schwerpunkt gefördert, wodurch die Tragkraft der Hinterbeine gesteigert wird.

> *Gleichgewicht ist die Grundbedingung für einen schwungvollen und korrekten Gang.*

ANLEHNUNG

Als Anlehnung bezeichnet man den leichten Kontakt, den das Pferd mit den Laden zum Gebiss hat. Es ist eine gummibandartige Verbindung zwischen Reiterhand und Pferdemaul, die durch korrekte Anlehnung erreicht werden soll. Sie ermöglicht die Führung und die Versammlung des Pferdes und kann nur entstehen, wenn einerseits das Pferd in Hals und Ganaschen geschmeidig und nachgiebig ist und andererseits die Reiterhand entsprechen gefühlvoll einwirkt. Korrekte Anlehnung ist nur dann möglich, wenn sich das Pferd nicht an der Hand des Reiters abstützt, sondern sich in vollkommenem Gleichgewicht befindet. Gleichgewicht und Anlehnung beeinflussen einander wechselseitig: so wird die Anlehnung bei einem im Gleichgewicht befindlichen Pferd deutlich besser sein als bei einem jungen Pferd, und vice versa wird sich ein Pferd bei richtiger Anlehnung besser im Gleichgewicht befinden als bei mangelhafter Anlehnung.

Die Anlehnung ist von vielen Faktoren abhängig: einmal vom Körperbau des Pferdes, zum anderen von seinem Temperament und weiterhin von der Beschaffenheit seines Maules. Ein Pferd mit schwacher Hinterhand zeigt mitunter eine zähe bis feste Anlehnung, da ein solches Pferd aus Furcht vor Überforderung sei-

Entspanntes Aufwärmen bei feiner Anlehnung

ner Hinterhand eher zum Davonlaufen neigt, was sich darin äußert, dass es sich auf den Zügel legt, wobei leichte Zügelanzüge oder ein Nachgeben der Reiterhand keinerlei Wirkung zeigen. Ein „Festwerden" der Pferde entsteht häufig durch allgemeine körperliche Steifheit oder durch falsche Arbeit, die das Pferdemaul abgestumpft hat. Diese zähe Anlehnung kann nur durch vermehrtes Untertreiben der Hinterhand und wiederholtes Annehmen und Leichterwerden der Reiterhand korrigiert werden. Bei einem abgestumpften Pferd ist die Korrektur allerding nur bis zu einem gewissen Grad möglich.

Pferde haben grundsätzlich zwei Möglichkeiten, sich einer korrekten Anlehnung zu entziehen. Sie können erstens „über dem Zügel gehen", also den Kopf deutlich vor die Senkrechte nehmen und zweitens „hinter dem Zügel gehen", das heißt die Kopf-Nasenlinie fällt hinter die Senkrechte zurück. Ersteres kann man oft bei rückenschwachen Pferden beobachten, zweiteres

bei nervösen Pferden und Pferden mit empfindlichem Maul. Beide Arten der Anlehnung sind natürlich fehlerhaft und bedürfen in der Arbeit gesteigerter Aufmerksamkeit. Erweist sich ein Pferd als schwach im Rücken, ist ihm mehr Zeit zu geben um seine Muskulatur auszubilden, und gerade die Bodenarbeit erweist sich hier als wertvolle Hilfe. Das Pferd wird anfangs mit tiefem Hals und aufgewölbtem Rücken, in der so genannten Dehnungshaltung, an der Hand gearbeitet und geritten, um dann langsam von hinten aufgerichtet und somit in eine korrekte Anlehnung gebracht zu werden. Neigt ein Pferd dazu, hinter dem Zügel zu gehen, achtet man darauf, es nicht zu früh zu versammeln und mit leichter Hand zu führen. Es gibt noch eine dritte Möglichkeit der fehlerhaften Anlehnung, nämlich die der „wechselnden Anlehnung", die speziell bei Pferden mit viel Temperament auftritt. Das Pferd befindet sich mal über, mal hinter dem Zügel. Verbesserung bringt hier das weiche Stehenlassen der Hand bei ruhigem Vorwärtsreiten.

Über die hier beschriebenen Fehler hinaus nehmen fast alle Pferde den Zügel nicht auf beiden Seiten gleich an. Bei diesem Phänomen verhält es sich wie mit der Links- oder Rechtshändigkeit beim Menschen - es handelt sich dabei um eine Anlage, die verbessert, aber niemals ganz behoben werden kann. Reiten Sie stets nach dem Grundsatz: Druck ruft Gegendruck hervor. Zieht man fest am rechten Zügel, so wird sich das Pferd rechts fest machen. Häufige Handwechsel, in denen die Arbeit auf der „schlechten Seite" immer wieder kurz einfließt, können hier Abhilfe schaffen: das Pferd darf kaum merken, wenn es sich auf seiner schlechten Seite befindet. Die Anlehnung wird umso besser werden, je weiter fortgeschritten das Pferd in der Ausbildung ist.

> *Nicht der Reiter sucht die Anlehnung am Pferdemaul, sondern das Pferd sucht die Anlehnung an der Reiterhand!*

GERADERICHTEN

Gleichgewicht und Versammlung sind nur dann möglich, wenn das Pferd gerade gerichtet ist.

Vor allem unter dem Gewicht des Reiters und bei falscher Versammlung neigen Pferde dazu, schief zu gehen, und das ganz besonders in der Reitbahn. Ist ein Pferd gerade gerichtet, fußen die Hinterbeine in die Trittsiegel der Vorderbeine. Tritt das Pferd daneben, so geht es schief!

Um zu verstehen, warum das Pferd gerade in der Reitbahn zu Beginn der Ausbildung schief geht, muss man erst bedenken, dass das Pferd vorne an der Schulter schmäler gebaut ist als an der Hinterhand. Bewegt sich das Pferd nun mit der Schulter zu nahe an der Wand, ist die unweigerliche Folge ein Schiefgehen. Besonders junge Pferde neigen dazu, mit Vor- und Hinterhand gleich weit von der Bande entfernt zu bleiben. Viele versuchen sogar, mit der Schulter zur Wand zu drängen, um sich auf diese Art und Weise eine Hilfe beim Einhalten der geraden Linie zu suchen. Zur Kor-

rektur wird die Vorhand immer wieder auf die Hinterhand eingestellt, das heißt ein Stück zur Bahnmitte hereingenommen, und es wird vermehrt auf freien Linien (ohne Bande) sowie auf gebogenen Linien gearbeitet.
Hier kommen wir zu einem der wichtigsten Grundsätze der Reitkunst:

Richte dein Pferd gerade
und reite es vorwärts!

DURCHLÄSSIGKEIT

Dieser Begriff ist in der Reitkunst von erheblicher Bedeutung. Durchlässigkeit ist dann gegeben, wenn sich die Wirkung eines Zügelanzuges durch das Genick, den Hals und den Rücken des Pferdes fortsetzt und biegend und belastend auf den gleichseitigen Hinterfuß wirkt. Dazu ist aber wiederum eine korrekte Anlehnung notwendig. Das Pferd tritt mit dem Hinterbein über den federnden Rücken durch das Genick an die elastische Reiterhand heran. Überzäumt sich das Pferd, kann die Wirkung des Zügels nicht durch den Körper gehen, sondern endet beim Widerrist, geht das Pferd über dem Zügel, endet seine Wirkung bereits in den Ganaschen oder im Hals. Ist die Anlehnung einseitig, so geht die Wirkung des Zügelanzuges zur entgegengesetzten Seite hinaus.

Durchlässigkeit ist dann erreicht, wenn jede Hilfe prompt und korrekt angenommen wird und der jeweilige Zügelanzug auf das gleichseitige Hinterbein biegend und belastend wirkt.

STELLUNG

Die Stellung des Pferdes ist stets das Ergebnis korrekter Anlehnung. Die Stellung in Verbindung mit der Haltung des Halses ist in der gymnastizierenden Reitkunst von hoher Bedeutung. Auf der einen Seite ist die Stellung abhängig vom Grad der Ausbildung des Pferdes, auf der anderen jedoch vom Tempo, in dem das Pferd gearbeitet wird.
Schwierigkeiten in der Stellung können sich aus dem Exterieur des Pferdes ergeben. Pferde mit starker Halsmuskulatur oder engen Ganaschen werden erst nach einer peniblen Umbildung der Muskulatur zu korrekter Stellung bereit sein.
Auf geraden Linien sind Kopf und Hals gerade gestellt, auf gebogenen Linien entspricht die Mittellinie des Pferdes der Linie auf der wir reiten, das heißt das Pferd ist in seiner ganzen Länge gebogen und gestellt. Blickt der Reiter herab, ist der innere Augenbogen des Pferdekopfes sichtbar. Das Pferd muss nicht nur im Halsansatz (Übergang Kopf-Hals), sondern auch im Halsaufsatz (Übergang Hals-Schulter) seitlich nachgeben, nur so wird korrekte Stellung erreicht.
In der Reitbahn wird vom Pferd auch auf der geraden Linie eine leichte Innenstellung verlangt, einzige Ausnahme stellt das Verlängern der Trabtritte dar. Hier ist es besser, das Pferd möglichst gerade zu stellen, da es sonst zu unregelmäßigen Tritten und Taktfehlern kommen kann.
Die Stellung eines Pferdes darf niemals durch Ziehen am Zügel erzwungen werden, die Folge wäre ein Zusammenpressen des Halses

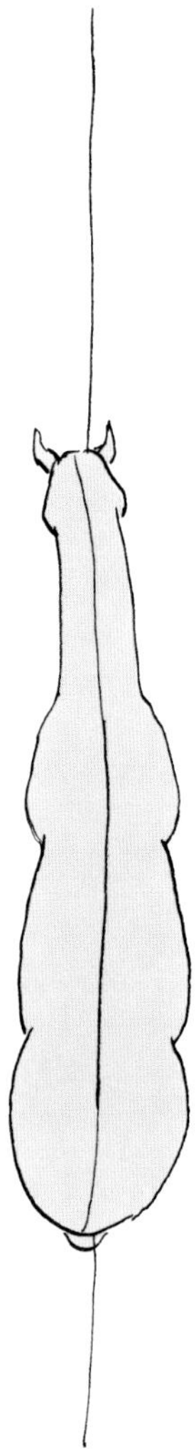

Stellung

(in der Reitersprache spricht man von einem Pferd, das „dagegen geht"). Korrekt gestellt kann ein Pferd dann werden, wenn es in guter Anlehnung und harmonischem Gleichgewicht schwungvoll vorwärts geritten wird.

> ***Die Stellung ist das Mittel, der Gang der Zweck der Reitkunst***

BIEGUNG

Um das Pferd geschmeidig zu machen und zu erhalten sowie Steifheiten zu verhindern, benützen wir das Biegen des Pferdes. Grundsätzlich gibt es zwei Arten der Biegung: die Seiten- und die Längsbiegung. Beginnen wir mit der für das Pferd leichteren und ersten Art der Biegung, die es erlernen sollte, der Seitenbiegung. Die seitliche Biegung des Pferdes zieht sich gleichmäßig vom Genick durch den gesamten Körper bis zur Schweifwurzel. Während sich der Rumpf nach außen wölbt, werden die Rippen an der Innenseite etwas zusammengedrückt. In der Seitenbiegung biegt sich das Pferd um den inneren Schenkel, sie wird grundsätzlich nur in der Bewegung verlangt. Einzige Ausnahme stellen junge Pferde dar, die man, um ihnen die Seitenbiegung verständlich zu machen, auch im Halten biegen kann. Die Grenze für die Seitenbiegefähigkeit eines Pferdes stellt seine natürliche Rippenwölbung dar.
Es gibt die Biegung in verschiedenen Abstufungen, zum Beispiel Zirkeln, Wendungen und Volten, immer jedoch ist die Mittellinie des Pferdes mit der Linie, auf der wir reiten, identisch. Im Idealfall tritt das Pferd geschmeidig, seinen Schwerpunkt unterstützend, in vollkommenem Gleichgewicht und regelmäßig in jeder Wendung.
Alle Pferde haben eine „bessere" und eine „schlechtere" Seite. Bei der besseren Seite spricht man oft von der hohlen Seite: hier biegt sich das Pferd besser, ja zuweilen verbiegt es sich auch in diese Richtung. Übertriebene Sei-

tenbiegung muss verhindert werden, denn sie erfolgt meist nur im Hals. Das Pferd ist dann korrekt gebogen, wenn es den Hals nicht mehr biegt als den Rest des Körpers, wenn es in den Ganaschen nachgibt und gebogen im Gleichgewicht geht. Während viele Pferde die Seitenbiegung in die eine Richtung oft übertreiben, so machen sie sich auf der „schlechteren" Seite eher steif. Ein sorgfältig und systematisch durchgymnastiziertes Pferd ist auf beiden Seiten gleichmäßig geschmeidig und biegsam.

Die Längsbiegung ist ebenso wie die Seitenbiegung für die Elastizität und die Geschmeidigkeit der Gänge von höchster Wichtigkeit. Die Längsbiegung, die erst verlangt wird, wenn das Pferd möglichst gleichmäßige Seitenbiegung erlangt hat, besteht im Wesentlichen aus der Hankenbiegung (wie schon beim Thema Exterieur beschrieben) und der Nachgiebigkeit in den Ganaschen. Da der Begriff Hankenbiegung sehr wichtig ist, möchte ich an diesem Punkt noch einmal darauf eingehen. Wie gesagt versteht man unter den Hanken die Hüft-, Sprung- und Kniegelenke des Pferdes. Bei richtiger Hankenbiegung müssen alle drei Gelenke in gleichem Maße beteiligt sein. Wird nur das Sprunggelenk im Übermaß gebogen, so sind frühzeitige Verschleißerscheinungen wie zum Beispiel Spat die Folge. Längsbiegung darf nur allmählich vom Pferd verlangt werden, Sehnen und Muskeln müssen zuerst geschmeidig und stark werden. Sind durch allmähliche Gymnastizierung alle Hankengelenke in gleichem Maße beteiligt, entwickelt das Pferd einen hohen Grad an Elastizität, Schub und Tragkraft. Das Pferd wird in allen Gangarten geschmeidig und ist in der Regel für den Reiter angenehm in seinen Bewegungen. Damit ist wohl eine der wichtigsten Voraussetzungen der gymnastizierenden Reitkunst erfüllt.

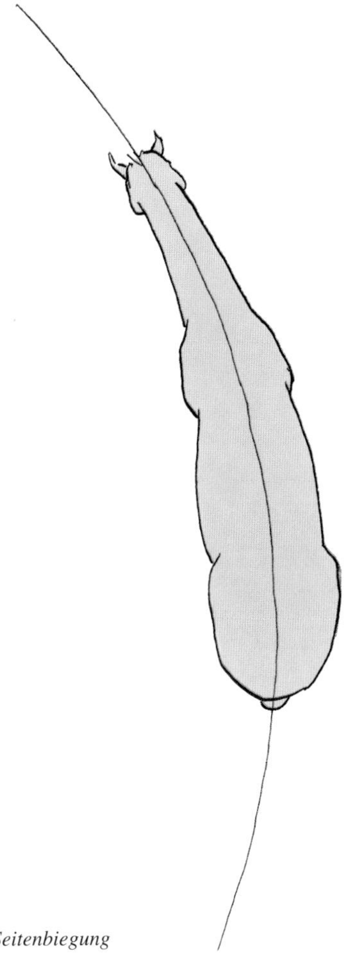

Seitenbiegung

Biegung, sowohl Seiten-, aber im Besonderen Längsbiegung, fördert in zunehmendem Maße die Geschicklichkeit und erhöht die Geschmeidigkeit des Pferdes, womit sich auch

Hankenbiegung statisch

Hankenbiegung dynamisch in der Piaffe

Hankenbiegung und perfekte Längsbiegung: höchster Grad der möglichen Versammlung in der Levade

das Gleichgewicht, die elastische Anlehnung und die Versammlung verbessern. Auch hier stehen die einzelnen Lehrziele in Wechselbeziehung zueinander. Nur alle Begriffe gemeinsam bilden ein Ganzes, sie können nicht einzeln gesehen oder erarbeitet werden.

„Wie ein Maler bei Detailausführungen des Gemäldes immer wieder einen Schritt zurücktritt um einen Gesamteindruck zu erhalten, muss dies auch der Reiter tun" (Oberst Alois Podhajsky, ehemaliger Leiter der Spanischen Reitschule Wien)

Durch die korrekte Längsbiegung erhalten wir ein für den Reiter in seinen Bewegungen angenehmes Pferd, womit die wohl wichtigste Grundanforderung der Reitkunst erfüllt wird.

VERSAMMLUNG

Unter dem Begriff Versammlung wird ein verstärktes Untertreten der Hinterbeine verstanden, wofür allein die Schwerpunktlinie von Reiter und Pferd maßgebend ist. Bei schwungvollem Vorwärtsreiten spricht man erst dann vom Untertreten des Pferdes, wenn es mit der Hinterhand einige Hufbreiten über die Spur der Vorderhand tritt, in der Versammlung hingegen ist ein Untertreten bereits einige Hufbreiten vor der Vorspur erreicht.

Versammlung ist notwendig, um das Pferd in verkürzten Gängen und engen Wendungen zu arbeiten sowie zur Ausführung geschmeidiger und weicher Paraden. Versammlung ermöglicht einen höheren Grad der Hankenbiegung und erzielt dadurch wiederum einen höheren gymnastischen Effekt, womit dem frühzeitigen Verschleiß des Pferdes vorgebeugt werden kann. Voraussetzung für die richtige Versammlung ist Gleichgewicht, Anlehnung und Geraderichtung. Die Begriffe stehen auch hier in Wechselwirkung: so erhöht Versammlung das Gleichgewicht und verbessert den Gang und die Anlehnung! Durch vermehrtes Herantreiben der Hinterbeine an die aushaltenden Zügelhilfen erreichen wir ein Zusammenschieben des Pferdes, es wird kürzer.

Wenn man das Untertreten des Hinterbeines im gleichseitigen Zügel geradezu fühlen kann, spricht man davon, dass das Pferd „in den Zügel tritt". Die Versammlung erfolgt für gewöhnlich in der Bewegung. Nur um dem jungen Pferd die Hilfen begreiflich zu machen oder es im fortgeschrittenen Ausbildungsstadium einer Prüfung zu unterziehen, wird im Halten versammelt

Versammlung ist nicht durch Ziehen am Zügel und schon gar nicht durch die Verwendung einer Kandare zu erreichen. Nur durch schrittweises Versammeln des Pferdes von hinten nach vorne im Rahmen einer systematischen Gymnastizierung wird das Pferd vermehrt untertreten.

Wo Gewalt beginnt, endet die Kunst!

AUFRICHTUNG

Unter Aufrichtung versteht man das Höhertragen von Hals und Kopf des Pferdes, ohne dass dieses seine Stellung verändert. Sie ist unerlässlich zur Verbesserung des Gleichgewichts. Aufrichtung ergibt sich von selbst aus der Versammlung und darf niemals erzwungen werden. Kopf und Hals durch Zügelanzug in eine höhere Haltung zu zwingen, hat einen fest gehaltenen Rücken zur Folge und damit den Verlust des Gleichgewichts. Dies ist das Gegenteil von dem, was wir eigentlich erreichen wollen. Korrekte Aufrichtung entsteht durch Absenken der Hinterhand infolge der erhöhten Hankenbiegung bei zunehmender Versammlung. Das Pferd erscheint vorne höher, seine Bewegungen werden erhabener, leichter und freier und die Hinterhand tritt mit mehr Impuls und Energie unter sein Gewicht. Die Hinterhand des Pferdes ist gleichsam sein Motor - sie ist für den Ausdruck aller Gänge verantwortlich.

Korrekte Aufrichtung steht in engem Zusammenhang mit dem Erfolg der Ausbildung eines Pferdes.

Bei der Aufrichtung kommt es, wie bei dem Begriff Beizäumung, in der Reiterwelt zu den meisten Missverständnissen und das nicht erst seit neuerer Zeit. Beweis dafür liefert das Übermaß an Gebissen, die zu allen Zeiten und auf der ganzen Welt erfunden wurden, um das Pferd besser (?!) beizäumen und aufrichten zu können! Die korrekte Aufrichtung steht in engem Zusammenhang mit Erfolg oder Misserfolg bei der Ausbildung des Pferdes, wobei hier auch der Körperbau des Pferdes eine wesentliche Rolle spielt. Bei schwachem Rücken oder schwacher Hinterhand werden wir nur einen geringen Grad an Aufrichtung erreichen können, da viele Pferde mit schwachem Rücken dazu neigen, sich zu hoch aufzurichten und dabei den Rücken wegzudrücken. In einem solchen Fall muss das Pferd erst lernen, das Gewicht des Reiters ohne Aufrichtung und mit schwingendem Rücken zu tragen, sprich seine Muskeln zu kräftigen. Erst dann dürfen wir durch vermehrtes Herantreiben der Hinterbeine langsam Aufrichtung verlangen: wir sprechen dann von beginnender Aufrichtung. Die absolute Aufrichtung erlangen nicht alle Pferde. Sie ist Pferden vorbehalten, die sich aufgrund ihres Körperbaues und Charakters zur hohen Schule eignen. Bei korrekter Aufrichtung nähert sich der Kammrand des Halses dem Reiter, während der Kehlrand des Halses konkav bleibt. Bei konvexer Kehllinie sprechen wir von einem durchgedrückten Unterhals, ein Fehler, der durch falsche, vornehmlich durch die Hand erzeugte Aufrichtung entsteht.

Aufrichtung wie auch Beizäumung ist immer nur das Mittel, der schwungvolle, immer vorwärts strebende Gang der Zweck der Reitkunst.

Verschiedene Arten der Bodenarbeit
und ihre Einsatzmöglichkeiten

Aufgrund der vielen verschiedenen Möglichkeiten der Bodenarbeit habe ich versucht, diese in einem System zusammenzufassen. Jede Art der Bodenarbeit ist natürlich auch getrennt von den anderen anzuwenden, allerdings mit weniger Effektivität. Das von mir vorgestellte System, Pferde durch das Reiten ergänzende Bodenarbeit auszubilden, hat sich als äußerst effektiv und dem Pferd entgegenkommend erwiesen.

Das System der klassischen Arbeit an der Hand umfasst folgende Typen der Bodenarbeit:

- Arbeit an der Longe mit und ohne Cavaletti
- Arbeit an der Doppellonge mit und ohne Cavaletti
- Klassische Arbeit an der Hand nach iberischer Art
- Klassische Arbeit an der Hand nach Wiener Art (Spanische Reitschule)
- Arbeit in den Pilaren nach Pluvinel
- Arbeit am langen Zügel

Zunächst möchte ich diese verschiedenen Typen kurz charakterisieren, um in der Folge dann im Detail darauf einzugehen.

DIE ARBEIT AN DER LONGE

Die Longenarbeit hat die breit gefächertsten Einsatzmöglichkeiten aller Arten von Bodenarbeit. An der Longe lässt sich ein Pferd gymnastizierend, versammelnd, entspannend oder einfach nur um ihm Bewegung zu verschaffen arbeiten.

In der Doppellongearbeit können wir unser Pferd biegen, stellen und Schwungentfaltung verlangen.

Nicht außer Acht zu lassen ist auch die Möglichkeit der reiterlosen Cavalettiarbeit an der Longe. Vielfach wird heute am Longieren Kritik geübt, wie zum Beispiel an der starken Einwirkung der Zentrifugalkräfte, der starken Belastung der Gelenke und so weiter. Dem muss man entgegenhalten, dass seit Jahrtausenden longiert wird und die Pferde bislang keinen Schaden genommen haben, solange die Arbeit korrekt ausgeführt wurde. Wie wir alle wissen, kann sich jede Form der Ausbildung bei unkorrekter Ausführung oder übermäßigem Einsatz als negativ herausstellen. Daher ist gerade bei der Arbeit mit jungen Pferden genau auf den richtigen Aufbau der Arbeit zu achten, da wir es ja mit unerfahrenen, noch nicht koordinierten und belastbaren Lebewesen zu tun haben. Den lebenden Beweis, dass Longenarbeit, korrekt ausgeführt, nicht schädlich ist, liefert die Spanische Reitschule Wien. Dort werden Pferde etwa zwei Monate ausschließlich longiert, bevor sie zusätzlich auch frei geritten werden. Jene Hengste werden in der Spanischen Reitschule bis zu 26 (!!) Jahre alt und bringen bis zuletzt ihre Leistung, ohne Schaden genommen zu haben, bevor sie in den verdienten Ruhestand treten.

Nicht unerheblich ist auch ihre Anwendung für junge, noch nicht angerittene Pferde, denn hier besteht die Möglichkeit, ein junges Pferd ohne Kampf und schlechte Erfahrungen an die Arbeit mit und ohne Reiter zu gewöhnen. Häufig findet die Longenarbeit auch Anwendung beim Aufwärmen der Pferde, ein Brauch, der speziell auf der iberischen Halbinsel gepflegt wird.

DIE ARBEIT AN DER DOPPELLONGE

Die Doppellonge eignet sich für jedes Pferd, das geregelt anlongiert wurde. Speziell für die schwungvolle, gerade richtende Arbeit ist sie das Mittel der Wahl. Haben wir ein Pferd mit sehr viel Vorwärtsdrang, kommt ihm diese

Arbeit besonders entgegen. Hier können wir unser Pferd biegen, stellen und Schwungentfaltungen verlangen. Sehr zu empfehlen ist auch die Arbeit über Bodenricks oder Cavaletti, erfordert aber vom Ausbilder einige Handfertigkeit bezüglich des Umganges mit den Longen. Auch versammelte Arbeit ist möglich, hier weisen allerdings andere Formen der Bodenarbeit Vorteile gegenüber der Doppellonge auf.

Handarbeit nach iberischer Art mit dem Lippizanerhengst Maestoso Ancona

DIE KLASSISCHE ARBEIT AN DER HAND NACH IBERISCHER ART

Diese Arbeit ist jener der Wiener Schule nicht unähnlich, darüberhinaus wird die Handarbeit der Wiener Reitschule auch auf der iberischen Halbinsel praktiziert. Die iberische Form der Bodenarbeit ist ausgerichtet an den Pferderassen, die in diesen Ländern leben: zum Beispiel Pura Raza Española (P.R.E.), auch als Andalusier bekannt, sowie Lusitanos, welche in Portugal gezüchtet werden. Dies sind Pferde mit viel Temperament und großer Beweglichkeit, und hier setzt diese Arbeit auch an. Zuallererst werden bei dieser Handarbeit Seitengänge verlangt, aus denen dann Piaffe, Passage und Schulen über der Erde entwickelt werden. Auch spanischer Schritt und spanischer Trab werden gefördert. Die Vorteile liegen in einer gewissen Freiheit des Pferdes, da die Pferde ohne Ausbindezügel gearbeitet werden und somit ein Nachgeben und Dehnen in der Anlehnung möglich sind. Die Nachteile liegen bei der eingeschränkten Bewegungsfreiheit des Ausbilders, da er alle Bewegungen des Pferdes mitmachen muss und auch das Touchieren nur in eingeschränktem Maße ausführen kann. Sollten wir an ein etwas phlegmatischeres Pferd geraten, können wir es in dieser Form der Handarbeit nur eingeschränkt ausbilden, da dieses Pferd nicht über die wünschenswerte Sensibilität verfügen wird. Im Allgemeinen ist diese Arbeit also nur für von vorneherein etwas empfindlichere Pferde geeignet, dann aber auch von besonderem Nutzen - oder aber für Pferde, die bereits durch vorangegegangene Handarbeit empfindlicher gemacht wurden. So ist auch hier als Vorarbeit die Doppellonge sehr geeignet.

DIE ARBEIT AN DER HAND NACH WIENER ART

Diese Form der Bodenarbeit kann als klassische Arbeit an der Hand schlechthin bezeichnet werden. Sie ist normalerweise nur in der Spanischen Reitschule in Perfektion zu erlernen und zeigt einige große Vorteile, aber auch den einen oder anderen Nachteil.
Als vorteilhaft kann die Möglichkeit der hohen Versammlung in den Gängen der hohen Schule gesehen werden, an erster Stelle der Piaffe sowie der Passage und den Schulsprüngen, welche ausschließlich auf diese Weise erarbeitet werden. Jedes einzelne Bein und jede gewünschte Körperstelle kann genau touchiert werden. Der große Nachteil dieser Arbeit besteht allerdings in ihrem Mangel an Schwung und im Verlust des Vorwärtsdranges des Pferdes. Bodenarbeit nach Wiener Art beginne ich meist erst nach der Longe- und Doppellongenarbeit, um die an der Doppellonge erarbeiteten Kenntnisse zu verfeinern und zu vervollkommnen.

DIE ARBEIT IN DEN PILAREN NACH PLUVINEL

Diese Arbeit ist sehr schwierig und zum Teil gefährlich für das Pferd, wenn sie stümperhaft ausgeführt wird. Hier möchte ich zuerst jedem, der sich damit beschäftigen will, dringend empfehlen, einen erfahrenen Trainer aufzusuchen, welcher mit dieser Form der Bodenarbeit vertraut ist!! In der Pilarenarbeit findet man die Gelegenheit zur vollendeten Verfeinerung der Piaffe und der Schulen über der Erde. Auch ist es möglich, um einen einzelnen Pilar zu arbeiten, hier ist normales Longieren sowie auch die Erarbeitung von Seitengängen üblich. Der Vorteil der Pilarenarbeit liegt in der Perfektionierung verschiedener Lektionen bis zur Vollkommenheit, bei unbegrenzter Bewegungsfreiheit des Ausbilders.
Der Nachteil der Pilarenarbeit ist die Tatsache, dass Pferde bei dieser Arbeit leicht in Zwangsituationen geraten können und kaum Möglichkeit der Entspannung finden. Pilarenarbeit ist eine gefährliche Arbeit, die bei unsachgemäßer Anwendung dem Pferd schaden kann. Ein hoher Material- und Personalaufwand zu Beginn der Arbeit ist ebenfalls zu berücksichtigen.
Mehr als bei jeder anderen Arbeit an der Hand ist hier die Vorbereitung des Pferdes durch andere Arten der Bodenarbeit nötig.

DIE ARBEIT AM LANGEN ZÜGEL

Diese ist die Krönung der Bodenarbeit, jedoch immer ein Endergebnis und keine Ausbildungsmethode. Ein Pferd kann am langen Zügel nur das zeigen, was es zuvor unter dem Reiter und in ergänzender Bodenarbeit gelernt und perfektioniert hat. Hier sehen wir höchstmöglichen Ausdruck des Pferdes bei minimaler Einwirkung des Ausbilders. Bei aller Faszination für diese Arbeit müssen zuvor jedoch einige Grundvoraussetzungen von Reiter und Pferd erfüllt sein.

Die Arbeit am langen Zügel stellt die Krönung der Bodenarbeit dar.

Der Reiter muss nicht nur über viel Gefühl verfügen, sondern auch über eine gehörige Portion Kondition, denn er läuft ja die ganze Zeit hinter dem Pferd, und das auch im Galopp! Das Pferd darf unabhängig von seinem Ausbildungsstand kein Schläger sein und auch keine Ansätze dazu zeigen, hier wird absolute Zuverlässigkeit verlangt (Gefahr für den Ausbilder!). Ein zweiter, nicht unwesentlicher Faktor ist die Größe des Pferdes. Zu große Pferde haben meist auch ein hohes Gangmaß, mit dem wir am langen Zügel nicht Schritt halten können. Darüberhinaus ergeben sich aus zu großen Pferden einige weitere Nachteile, von denen Sie in der Folge noch hören werden.

Die Arbeit an der Longe

DIE AUSRÜSTUNG

Als einer der wichtigsten Ausrüstungsgegenstände für den Ausbilder sind, aus Gründen des Verletzungsrisikos, wohl die Handschuhe zu nennen. Sollte ein Pferd durchgehen und die Longe schnell durch Ihre Hand ziehen, kann es zu nicht unerheblichen Verbrennungen kommen. Longieren Sie also niemals ohne Handschuhe!

Des Weiteren benötigen wir eine Longierpeitsche, welche folgende Kriterien erfüllen soll:

- Sie darf nicht zu schwer sein, da wir sie ja meist mindestens eine halbe Stunde, selten auch länger, in der Hand halten müssen.
- Sie muss lang genug sein, um das Pferd auch noch auf einem Zirkel von 17 bis 18 Meter Durchmesser zu erreichen.

Es hat sich bewährt, für die Arbeit auf einem kleinen Zirkel zusätzlich noch eine kürzere Longierpeitsche anzuschaffen.

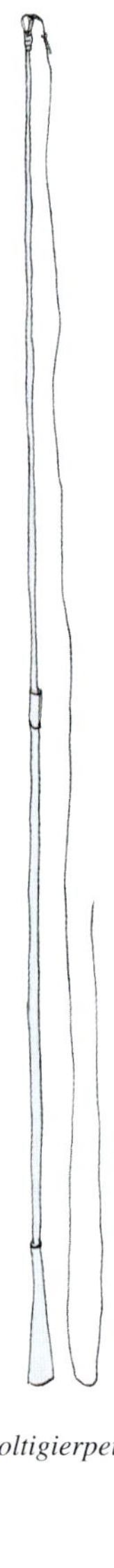

Die Voltigierpeitsche

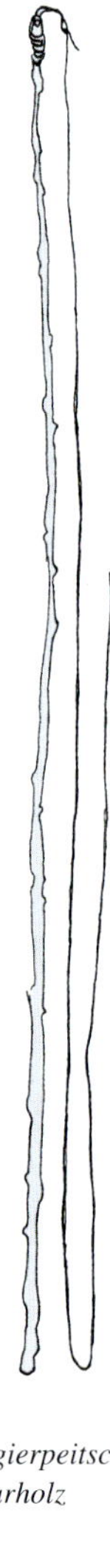

Longierpeitsche aus Naturholz

Longe aus Baumwollseil, so wie sie auf der iberischen Halbinsel verwendet wird

Handelsübliche Gurtlonge, ohne Wirbel, mit Schnalle statt Karabiner

Portugiesischer Kappzaum

Weiterhin ist ein Longiergurt mit möglichst vielen Ringen, ein Kopfstück mit Trense und, entscheidend bei dieser Arbeit, ein Kappzaum nötig, welcher wie eine zweite Haut auf der Nase des Pferdes liegen muss, da er sonst keinerlei Wirkung hat. Als Kappzaum verwende ich hauptsächlich jene aus Spanien und Portugal sowie jene aus der Spanischen Reitschule, wobei diese Modelle im Handel meist sehr schwer zu finden sind. Nicht unerheblich ist auch die Beschaffenheit der Longe. Eine Longe aus stabilem Baumwollgurt oder Seil hat sich am besten bewährt, da Baumwolle nicht rutscht und sehr gut in der Hand liegt. Ob Seil oder Gurt ist Geschmackssache, wenn Sie allerdings ein Seil benützen, ist ein Wirbel gegen das Verdrehen des Seiles notwendig. Bei einer Gurtlonge ist dieser überflüssig, ja oft sogar lästig, da sich die Longe mehr verdreht als ausdreht. Die Longenlänge sollte sieben bis acht Meter betragen. Auch eine Longe von neun Metern Länge kann bei jungen Pferden verwendet werden. Benötigt werden weiterhin je nach Art der Arbeit Ausbinder, Wiener Zügel oder auch Chambon. Auf den Gebrauch dieser Hilfszügel werden wir später noch genauer eingehen.

DIE FERTIGKEITEN DES AUSBILDERS

Sehr wichtig bei der Longenarbeit ist der Umgang mit der Peitsche, dieser sollte bis zur Perfektion erlernt werden. In der Spanischen Reitschule ist es üblich, zuerst das Zielen und Treffen mit der Peitsche an leeren Dosen zu üben. Diese Praxis empfehle ich jedem, der korrekt longieren möchte, denn man muss bei Bedarf das Pferd exakt an jener Stelle mit dem Peitschenschlag treffen können, an welcher man es im Moment für angebracht hält. Man beginnt die Übungen mit der rechten Hand, da dies meist die geschicktere ist. Die Peitsche liegt locker in der Hand, der Peitschenschlag ist nach hinten ausgerollt, man fühlt förmlich das Gewicht des Schlages in der Hand. Nun wirft man aus dem Handgelenk den Peitschenschlag auf das Ziel, am besten eine leere Getränkedose. Je schwungvoller man wirft beziehungsweise den Schlag stoppt oder sogar etwas zurückzieht, desto stärker ist die Wirkung. Das geht von bloßer Berührung bis zur strafenden Wirkung des Peitschenschlages.

Es gibt am Pferd mehrere Punkte, welche man bei Bedarf treffen muss. Dies ist an der Hinterhand die Region zwischen Röhrbein und Hüfthöcker, je nachdem wo das Pferd am besten reagiert: hier wirkt die Peitsche stark vorwärtstreibend. Wirft man den Schlag von unten in Richtung Bauch knapp hinter die Gurtlage, so ist dies sehr hilfreich, um das Pferd anzugaloppieren. Das Abstreichen in Richtung Schulter hingegen bedeutet dem Pferd etwas weiter hinaus auf einen größeren Zirkel zu gehen. Hier ist allerdings große Treffsicherheit erforderlich, um nicht den Kopf des Pferdes oder gar das Auge zu treffen!!

Wird die Peitsche von oben nach unten geführt, wirkt dies generell strafend, von unten oder waagrecht geführt wirkt sie auffordernd. Bevor wir unser Pferd allerdings mit der Peitsche berühren, sollten wir alle anderen Möglichkeiten wie Stimme oder optischen Reiz durch die Peitsche ausschöpfen. Die

1. Treibende Position der Peitsche
2. Neutrale Position der Peitsche: sie zeigt auf Fessel-, Sprung- oder Hüftgelenk
3. Wegweisende Position
4. Verhaltende Position

Stimme ist bei der Bodenarbeit oftmals von starker Bedeutung, kann sie doch beruhigend und auffordernd wirken, je nach Art der Aussprache des Lautes.
Was den optischen Reiz betrifft, geht dieser sowohl von mir als Person und der Position aus, die ich einnehme, als auch von der Peitsche. Die Position der Peitsche sollte im verwahrenden Zustand auf das Sprunggelenk des Pferdes zeigen, das Pferd wird sozusagen eingerahmt zwischen Longe und Peitsche. Im treibenden Zustand wird sie etwas hinter dem Pferd angehoben. Wenn ich das Pferd beruhigen oder in die nächstniedere Gangart wechseln will, nehme ich die Peitsche vor das Pferd. Kommt das Pferd auf dem Zirkel zu nahe herein, zeigt die Peitsche auf die Schulter, sollte darauf keine Reaktion erfolgen, zeigt sie auf den Kopf. Gegebenenfalls kann ich jede dieser optischen Hilfen noch durch meine eigene Position verstärken. So reagiert ein Pferd, wenn ich etwas hinter ihm bin, mit mehr Vorwärtsdrang, wenn ich ihm scheinbar den Weg abschneide, mit einer verlangsamten Bewegung. Um die treibende Hilfe zu verstärken, also erst wenn alle optischen Zeichen mit keiner Reaktion beantwortet werden, ist es notwendig, das Pferd mit dem Schlag zu berühren oder auch stärker zu treffen, je nachdem wie die Reaktion ausfällt.
Hat man eine gewisse Routine im Treffen mit der Peitsche, sowohl mit der linken als auch mit der rechten Hand, kann man sich ans Pferd wagen. Nebenbei sollte man auch auf den Umgang mit der Longe achten, nicht verdreht, sondern glatt und säuberlich aufgerollt sollten die Schlaufen in der Hand liegen, so dass man sich nicht verwickeln und mit der Hand hängen bleiben kann.

LONGIEREN ZUR AUSBILDUNG DES PFERDES

Es gibt vier Gründe aus denen man ein Pferd longiert:
· um es zu bewegen
· um einen Reiter auszubilden
· um das Pferd auszubilden
· um das Pferd zu korrigieren und Verspannungen zu lösen

Auf das Bewegen eines Pferdes an der Longe und die Ausbildung des Reiters an der Longe möchte ich hier nicht näher eingehen, da dies nicht Thema des Buches ist. Ich denke, dass dem Sitz des Reiters im entsprechenden Kapitel Genüge getan ist.
Der Beginn der Bodenarbeit liegt bei jedem Pferd an der Longe, speziell natürlich bei einem jungen, nicht angerittenen Pferd. Der Zeck dieser Arbeit ist es, das Vertrauen des Pferdes zu gewinnen. Das Pferd soll lernen, sich dem Willen des Reiters unterzuordnen. Es soll sich ohne das belastende Reitergewicht ins Gleichgewicht bringen und geschickt und wendig werden. Haben wir erst das Vertrauen des Pferdes gewonnen, ist das die beste Grundlage für seinen Gehorsam. Außerdem soll das Pferd durch diese Arbeit die Sprache des Ausbilders und seine Hilfen begreifen lernen.

Galimena im Schritt an der Longe mit Longe- und Peitschenführer

Korrektes Longieren ist nicht einfach, es ist eine Kunst und besteht nicht darin, dass das Pferd um den Longenführer im Kreis läuft. Zuerst gewöhnen wir unser Pferd an Trensenzaum, Kappzaum, Longiergurt und den Sattel, meistens gelingt das mit Geduld und Ruhe im Stall am besten. Mit beruhigendem Zureden und ruhigen, überlegten Bewegungen ohne jede Hektik ist ein Verängstigen des Pferdes meist auszuschließen.

Nun longieren wir unser Pferd zum ersten Mal, es ist gezäumt auf Trense und Kappzaum sowie mit Longiergurt und Ausbindezügeln ausgerüstet. Das Verschnallen des Kappzaumes möchte ich kurz gesondert erklären, da man hierbei immer wieder Fehler entdeckt: das Pferd wird zuerst normal gezäumt (Trensenzaum) oder man benutzt nur ein Genickstück mit eingeschnallter Trense. Darüber wird der Kappzaum angelegt, wobei der

Ganaschenriemen so verschnallt wird, dass er unter dem Backenstück der Trense liegt und so fest sitzt, dass auch bei starkem Zug der Backenriemen des Kappzaumes nicht in die Nähe des Auges rutscht. Der Kinnriemen wird unterhalb der Trense geschlossen, so dass die Trense darüber frei liegt und sich bewegen kann, ohne das Pferd an den feinen Teilen des Maules zu verletzen. Das Naseneisen des Kappzaumes liegt unter der Jochbeinleiste noch auf dem Nasenbein und nicht auf dem tieferliegenden Nasenknorpel. So ist die Wirkung des Kappzaumes deutlich, ohne jedoch die Atmung des Pferdes zu behindern. Die Wahl des Kappzaumes hängt von der Empfindlichkeit der Pferdenase ab. Je empfindlicher das Pferd ist, umso stärker muss der Kappzaum gepolstert sein, jedoch nicht stärker als die Kappzäume der Spanischen Reitschule, da sonst die deutliche Wirkung verloren geht. Der Kappzaum darf nicht zu fest, aber auch nicht zu locker verschnallt sein, da es sonst durch die Bewegung des Naseneisens eventuell zu Scheuerstellen kommen kann. Die Longe wird in den mittig gelegenen Ring auf dem Naseneisen des Kappzaums eingeschnallt.

Zum ersten Anlongieren ist man stets zu zweit, also ein Longen- und ein Peitschenführer. Der Peitschenführer führt das Pferd, das lose ausgebunden ist, an der Longe auf einen etwa 17 Meter weiten Zirkel und entfernt sich danach langsam immer weiter in Richtung Longenführer, der sich in der Mitte des Zirkels um die eigene Achse dreht. Ausgebunden wird gerade so kurz, dass das Pferd das Gewicht des Ausbindezügels fühlt. Auf keinen Fall darf zu kurz oder zu tief ausgebunden werden, da es sonst zu Widersetzlichkeiten kommen kann. Die richtige Höhe der Verschnallung ist aus den Fotos ersichtlich. Wird der Ausbindezügel später langsam verkürzt, geschieht das am besten im Schritt durch den Longenführer, während der Peitschenführer das Pferd, wenn es stehen bleibt, vorsichtig mit der Peitsche weitertreibt. So wird ein Überschlagen des Pferdes infolge Widersetzlichkeit und Angst vermieden. Ebenso vorsichtig wird der Ausbindezügel tiefer geschnallt, aber niemals tiefer als auf der Höhe des unteren Randes des Sattelblattes. Angestrebt wird ein Pferd, das mit langem Hals Anlehnung in der Tiefe sucht und damit den Rücken am leichtesten aufwölbt. Auf keinen Fall darf es mit zu hoher Aufrichtung gehen, da dabei der Rücken fest gehalten werden würde. Die endgültige Länge der Ausbinder ist individuell sehr verschieden, sie sollte jedoch so bemessen sein, dass das Pferd mit der Nase nicht hinter die Senkrechte gerät.

Meist longiert man das Pferd zuerst auf der linken Hand, da diese beim Großteil der Pferde die bessere Seite ist. Hier hält der Peitschenführer die Peitsche in der rechten Hand, während der Longenführer die Longe in der linken hält. Den Mittelpunkt des Kreises bildet immer der innere Fuß des Longenführers, um den er sich bewegt. Folgt das Pferd dem Peitschenführer wieder in die Mitte des Kreises oder bleibt es stehen, darf man unter keinen Umständen versuchen, es durch Peitschenschläge weiterzutreiben, sondern man wird es ruhig wieder anführen und schon bald wird es begreifen was man von ihm verlangt. Das Anführen erfolgt naturgemäß im Schritt! Bewegt sich das Pferd auf der einen Hand nun einigermaßen sicher auf diesem Kreis, verfährt man auf der anderen Hand ebenso. Auf der rechten Hand erfährt man zumeist die ersten Schwierigkeiten. Das liegt nicht nur daran, dass unser Schützling auf der linken Hand meist besser zurechtkommt, sondern auch daran, dass der Peitschenführer, der ja nun die Peitsche in der linken Hand hält, meistens auch nicht viel geschickter ist. Bewegt sich das Pferd nun im Schritt auf beiden Händen sicher, trabt man auf seiner besseren Hand das erste Mal an, und zwar unter Zuhilfenahme

Trabarbeit: Durch Anheben der Longe veranlasst der Longenführer das Pferd den Zirkel zu vergrößern.

auffordernder Worte und eines deutlichen optischen Reizes durch das Anheben der Peitsche hinter dem Pferd. Schon bei den ersten Lektionen sollte eine Überanstrengung des Pferdes vermieden werden. Es muss sich allmählich an die neuen Anforderungen gewöhnen. Nach ein paar Minuten Trabarbeit wird eine Schrittpause eingelegt, um die Übung ein bis zwei Minuten später zu wiederholen.

Das Pferd sollte vor der Peitsche Respekt, aber keine Angst zeigen. Daher darf ihre Einwirkung anfangs nur sehr sacht sein und sollte sich auf eine optische Hilfe beschränken. Sollte das Pferd nicht reagieren, wirft man den Schlag der Peitsche sachte knapp hinter den Gurt des Pferdes. Trifft man es weiter hinten an der Hinterhand, läuft man beim jungen Pferd Gefahr, dass es sich durch Ausschlagen zur Wehr setzt. Niemals darf die Peitsche den Kopf treffen. Abgesehen von der Verletzungsgefahr für das Auge des Pferdes könnte es sehr leicht kopfscheu werden. Oft wirkt die Peitsche genügend vortreibend, wenn man den Schlag hinter dem Pferd fallen lässt oder etwas rascher an das Pferd herantritt. Drängt das Pferd während der Arbeit zur Longekreismitte, so halten wir ihm den Peitschenstiel entgegen - mit der Peitschenspitze in Richtung Nase oder Schulter. So erreichen wir, dass das Pferd „an der Longe steht", das heißt es nimmt eine gleichmäßige Anlehnung an der Longe, wodurch der Longenführer die Größe des Kreises bestimmen und besser parieren kann.

Beim Anlongieren des jungen Pferdes wählt man einen etwas größeren Kreis von etwa 17 bis 19 Metern Durchmesser, um dem Pferd das

Finden seines Gleichgewichtes zu erleichtern. Während der Longenarbeit sollte der Longenführer nach Möglichkeit immer an einem Platz stehen bleiben und nicht, wie so oft zu beobachten, mehr laufen als sein Pferd. Der Peitschenführer hingegen geht mit dem Pferd nahe an der Longe mit. So verfahren wir auf beiden Händen, und von Übungslektion zu Übungslektion werden die Ausbindezügel verkürzt, bis das Pferd in Dehnungshaltung beigezäumt geht.

In diesem Stadium ist es nun Zeit, Haltparaden aus dem Schritt sowie Trab-Schritt-Übergänge und das Angaloppieren zu erarbeiten. Bei einem jungen Pferd eine Haltparade an der Longe auszuführen, ist meist nicht gerade einfach, da junge Pferde meist sehr viel Vorwärtsdrang haben. Zuerst verlangt man die Haltparaden aus dem Schritt. Die Peitsche wird unter oder, wie beim Voltigieren, über der Longe nach vorne genommen, und zeigt als deutlicher optischer Reiz vor den Kopf. Dazu wird ein langezogenes und ruhiges „Halt" oder „Steh" ausgesprochen. Hierbei kommt nicht auf das Wort an, das Sie verwenden, sondern auf den Ton, in dem Sie es aussprechen. Man sollte sich jedoch daran gewöhnen, immer dasselbe Wort verwenden, auf das Ihr Pferd später mit traumwandlerischer Sicherheit reagieren wird. Sollte das Pferd auf diese Hilfen nicht ansprechen, geht man einige Schritte auf das Pferd zu, also auch hier ein optischer, verhaltender Reiz, um dem Pferd scheinbar den Weg abzuschneiden. Sollte selbst das nicht zu dem gewünschten Ergebnis führen, pariert man das Pferd über den Kappzaum. Bestens bewährt hat sich hierbei das Schütteln der Longe, da es sich als deutlicher, hemmender Reiz auf die Nase des Pferdes überträgt.

Um ein junges Pferd anzugaloppieren ist es sinnvoll, in der Ecke der Reitbahn oder auf einem dafür vorgesehenen Longierzirkel zu arbeiten. Bevor mein junges Pferd zu der Reitbahnecke kommt, pariere ich am Kappzaum ein oder zwei mal ab und werfe den Peitschenschlag von unten nach oben, also vom Sprunggelenk in Richtung Schulter des Pferdes. Unterstützend verwende ich ein aufforderndes „Galopp" und wiederhole dies, bis mein Pferd in der gewünschten Weise reagiert. Beherrscht mein Pferd das Angaloppieren, so werde ich mit Galopp-Trab-Übergängen beginnen, das heißt mein Pferd trabt und galoppiert im Wechsel jeweils eine halbe Runde an der Longe und lernt so die Hilfen exakt und schnell anzunehmen. Man kann die Abfolge auch entsprechend verkürzen auf zum Beispiel zwei oder drei Galoppsprünge und danach ein paar Trabtritte, um daraus wieder anzugaloppieren. Dieselbe Übung wird auch vom Schritt zum Trab und umgekehrt durchgeführt.

Geht das Pferd nun einigermaßen sicher an der Longe, ist der Zeitpunkt gekommen es anzureiten. Auch hier ist Vorsicht die Mutter der Porzellankiste. Der erste Kontakt mit dem Reitergewicht wird hergestellt, indem man sich über den Sattel legt. Zuvor klopft der Reiter mit der flachen Hand auf den Sattel, um dem Pferd die Angst vor dem Hantieren am Sattel zu nehmen. Jetzt wird der Reiter von einem Gehilfen über den Sattel gehoben

Galopparbeit an der Longe

und legt sich vorsichtig darüber. Das alles erfolgt unter beruhigendem Zureden und Abklopfen des Halses. Auch das Loben mit Futter darf nicht vergessen werden - Liebe geht eben auch durch den Magen! Lässt das Pferd dies einige Tage ohne Angst geschehen, führt der Longenführer das Pferd im Schritt an. Während das Pferd im Schritt geführt wird, hält der Gehilfe das eine Bein des Reiters fest, um einen Sturz kopfüber auf die gegenüber liegende Seite zu verhindern. Wenn das Pferd nun sicher ist, verfährt man ebenso mit dem aufgesessenen Reiter. Auch hier wird der Reiter von einem Gehilfen vorsichtig aufs Pferd gehoben. Ist unser Pferd an das Reitergewicht gewöhnt, beginnt man mit denselben Lektionen an der Longe wie ohne Reiter. Zunächst werden die Grundgangarten gefestigt, bis das Pferd einigermaßen im Gleichgewicht geht, später erarbeitet man

Haltparaden und Übergänge sowie das Rückwärtstreten, bis unser Pferd auch hierin sicher ist. Mittlerweile sollten wir auch so weit sein, das Pferd ohne Peitschenführer zu longieren.
Nun beginnt die Zeit des freien Reitens, in der man jedoch das Pferd zu Beginn der Arbeit zweckmäßigerweise ablongiert. So hat es Zeit, sich ohne Reitergewicht aufzuwärmen und sozusagen „Betriebstemperatur" zu erreichen. Bei den ersten Lektionen ohne Longe wird das Pferd am Backenstück der Trense oder am Kappzaum angeführt, während ein älteres, versiertes Pferd vorausgeht, damit wird die erste Arbeit deutlich erleichtert. Um die Wirkung des Kappzaumes, den das Pferd bereits zur Genüge kennt, zu nutzen, reite ich persönlich alle Pferde mit Kappzaum und Gebiss an. Dabei wird ein zweites Zügelpaar in die beiden äußeren Ringe am Naseneisen des Kappzaumes eingeschnallt - das Pferd wird mit vier Zügeln geführt. Diese Art des Anreitens hat den Vorteil, das Maul fein zu erhalten. Erst allmählich wird dann nur auf Trensenzügel geritten und schlussendlich lässt man den Kappzaum weg.
In der Reitbahn werden nun auf wechselnden geraden und gebogenen Linien dieselben Lektionen wie an der Longe verlangt. In dieser Zeit kommt es häufig vor, dass Pferde Probleme mit geraden Linien haben und etwas zu schwanken beginnen. Das liegt daran, dass das Pferd gelernt hat, sein Gleichgewicht an der Longe zu halten und nun erst lernen muss, diese Fähigkeit auch auf geraden Linien zu entwickeln. Während der Arbeit an der Longe unter dem Reiter wird man versuchen, den Ausbindezügel wieder länger zu stellen und das Pferd, ohne Hilfzügel, vorsichtig in die Hand stellen. Immer wieder wird eine gummibandartige Verbindung zum Pferdemaul gesucht. Der Reiter versucht dem Pferd im Maul ein möglichst angenehmes Gefühl zu vermitteln, um es zum Abkauen anzuregen. Das kann natürlich nur mit einer entsprechenden vortreibenden Hilfe geschehen. Die Handeinwirkung darf nicht zu einem regelmäßigen Ziehen links und rechts werden, da das junge Pferd nur allzu leicht im Takt mit dem Kopf hin und her zu pendeln beginnt. Durch Verkleinern des Longezirkels kann man im Laufe der Zeit mit und auch ohne Reiter dem Pferd helfen, sein Gleichgewicht auf engeren Wendungen zu finden, jedoch darf dies nicht übertrieben werden, da das Pferd sonst mit der Kruppe auszuweichen versucht.
Beim lösenden Arbeiten in die Tiefe sind die Übergänge besonders wichtig, also Trab-Schritt, Trab-Galopp sowie Haltparaden. Wenn das Pferd halbwegs gelöst ist, können und sollen die Intervalle zwischen den Gangarten verkürzt werden und somit das Pferd zu schnellerem Umsetzen der Lektion gebracht werden, da wir ja nicht nur den Körper, sondern vor allem auch die mentalen Fähigkeiten unseres Pferdes trainieren wollen. Nach einiger Zeit werden wir feststellen, dass unser Pferd wesentlich schneller zu denken beginnt, und bereits nach kurzer Zeit wird ihm bei Unterbeschäftigung langweilig werden. Also fordern Sie ihr Pferd auf mitzudenken und bestrafen Sie niemals Eigeninitiative, die in die richtige Richtung geht. Sollte Ihr Pferd

unaufgefordert Lektionen anbieten, ist dies ein sehr gutes Zeichen, denn es hat dann Spaß an der Arbeit und genau das wollen wir ja! Bei unaufgeforderten Lektionen sollten Sie am Anfang sogar loben, um das Pferd in seiner Freude, etwas gelernt zu haben, zu bestärken. Später jedoch wird nicht gelobt, sondern ignoriert, da das Pferd die Lektion ja als Endziel nur auf ihren Wink hin ausführen soll. Sollten die Versuche Ihres Pferdes, seine eigenen Betriebsvorschläge zu machen, überhand nehmen, beschäftigen Sie ihr Pferd mit anderen Lektionen, welche es ablenken und zu Gehorsam führen. Wechselnder Zeitpunkt und Ort der Übung bringen das Pferd dazu Ihre Hilfen abzuwarten.

Nun kommt noch eine weitere Facette der Longenarbeit ins Spiel, die Cavalettiarbeit.

CAVALETTIARBEIT AN DER LONGE

Das Ziel der Ausbildung eines Reitpferdes, egal ob Spring- oder Dressurpferd, ist die naturgemäße Gymnastizierung. Die Muskeln werden gestärkt, die Gelenke und Sehnen geschmeidig. In der Arbeit mit Cavaletti wird das Pferd dazu veranlasst, seine Bewegungen zu kontrollieren sowie energischer und höher abzufußen. Darüberhinaus ist diese Arbeit hervorragend geeignet, um Muskeln zu lockern und Steifheiten Einhalt zu gebieten. Pferde, die regelmäßig über Bodenricks gearbeitet werden, erlangen zudem einen hohen Grad an Trittsicherheit und lernen, ihren Schwerpunkt sicher und schnell zu verlagern. Die Cavalettiarbeit erleichtert die Ausbildung aller Pferde grundlegend und bringt Abwechslung in die tägliche Arbeit!

Neben der bisher schon verwendeten Longierausrüstung verwendet man Bodenricks. Von der Verwendung einfacher Stangen ist abzuraten, da die Verletzungsgefahr für das Pferd durch Davonrollen der Stangen unverhältnismäßig hoch ist. Gerade bei der Arbeit über Bodenricks ist es unumgänglich, die Pferdebeine zu schützen und Gamaschen oder Bandagen anzulegen.

Cavaletti werden in den verschiedenen Grundgangarten in verschiedenen Abständen aufgestellt. Schritt: etwa 80 Zentimeter, Trab: etwa 120 Zentimeter, Galopp: etwa 300 Zentimeter. Dies sind jedoch nur Richtlinien, man muss selbst feststellen, ob man die Bodenricks, je nach Trittlänge des einzelnen Pferdes, enger oder weiter stellt.

Bei der Longenarbeit werden die Cavaletti in regelmäßiger Folge auf der Kreislinie aufgestellt, da sich das Pferd ja auf einer gebogenen Linie befindet. Eine weitere Möglichkeit Bodenricks zu legen, ist, im Viertel des Kreises je ein Cavaletti aufzustellen. Hier kann man in allen Grundgangarten arbeiten, ohne die Ricks im Abstand verstellen zu müssen. Wenn man mit dem Pferd parallel zur langen Seite mitgeht, kann man die Bodenricks selbstverständlich auch auf einer geraden Linie auflegen. Hier sollte das Pferd aber schon sehr versiert sein

Gleich zu Beginn darf ich noch eine kleine Warnung aussprechen: Vorsicht mit der Longe bei den Kreuzen der Cavaletti, hier

Don Pedro bei der Cavalettiarbeit im Schritt.

kann die Longe sehr leicht hängen bleiben.
An die Cavalettiarbeit werden die Pferde langsam gewöhnt, da diese Arbeit auch mit einem gewissen Risiko verbunden ist. Nicht routinierte Pferde, denen zu viele Ricks auf einmal aufgelegt werden, treten nur allzu leicht auf diese. Die Folgen sind Stürze und damit verbundene Verletzungen sowie Lahmheiten, also auch hier lieber etwas weniger als mehr! Legen Sie am Anfang nur ein oder zwei Cavaletti auf und erst wenn Sie deutlich erkennen, dass ihr

Cavalettiarbeit im Trab

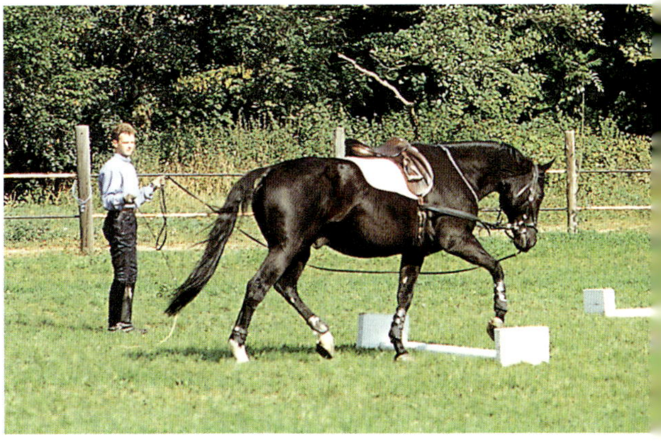

Cavalettiarbeit im Galopp

Cavalettiarbeit im Trab über mehrere Bodenricks

Pferd ohne Probleme und routiniert darüber tritt, legen Sie nach und nach mehr auf. An der Longe ist der Anzahl der Ricks allerdings Grenzen gesetzt.

Cavalettiarbeit an der Longe wird zunächst im Schritt, danach im Trab durchgeführt. Die Galopparbeit über Cavaletti ist eine umstrittene Angelegenheit, denn entgegen der Meinung vieler Reiter verbessert sie nicht den Galopp, so wie die Trab- und Schrittarbeit die genannten Gangarten verbessert, sondern lediglich das Taktgefühl und die Trittsicherheit von Pferden, welche zum Springen ausgebildet werden. Dressurmäßig gymnastizierende Cavalettiarbeit fördert beim Pferd Schwung, Takt und Schubkraft der Hinterhand. Die Pferde werden geschickter mit ihren Beinen, was sich speziell im Gelände zeigt, und lernen über den Rücken zu gehen, das heißt von hinten über den schwingenden Rücken durch das Genick zu treten.

Parallel zur Arbeit ohne Reiter beginnt man auch mit dem Reiter an der Longe über Ricks zu trainieren sowie frei ohne Longe. In diesem Stadium der Ausbildung wird man die Longenarbeit allmählich etwas einschränken und sie nicht öfter als zwei Mal pro Woche anwenden. Alles sollte möglichst ohne Hilfszügel erfolgen, nur das Martingal bildet manchmal eine gute Hilfe. Die Cavalettiarbeit sollte nicht öfter als zwei Mal pro Woche zum Einsatz kommen und eine willkommene Abwechslung für das Pferd darstellen, also nicht zur täglichen Routine werden.

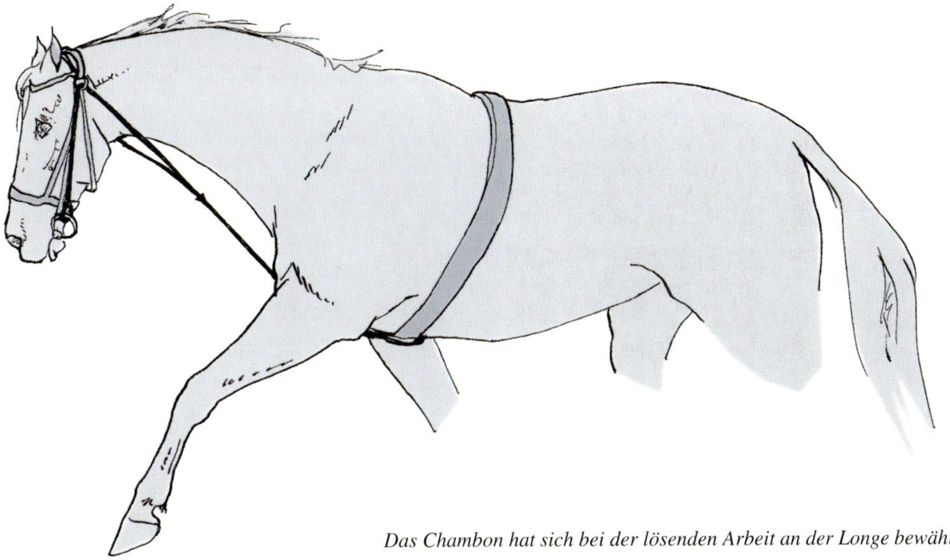

Das Chambon hat sich bei der lösenden Arbeit an der Longe bewährt.

LONGIEREN UM VERSPANNUNGEN ZU LÖSEN

Hier kommen wir gleich zur nächsten Möglichkeit der Anwendung der Longenarbeit, nämlich ein Pferd mit fest gehaltenem Rücken zu lösen. Hierbei haben sich zwei Hilfszügel besonders bewährt, die so genannte Equilonge und das Chambon. Der große Vorteil der Equilonge liegt darin, dass ich bis jetzt kein Pferd kenne, welches sich gegen diesen Hilfszügel wehrt, was beim Chambon doch manchmal vorkommt. Die beiden genannten Hilfszügel haben sich als ideal erwiesen, besonders auch im Hinblick auf die Arbeit über Bodenricks, da sie eine Dehnung nach vorwärts-abwärts zulassen, jedoch kein Hochdrücken des Kopfes mit dem damit verbundenen weggedrückten Rücken gestatten.
Um diese beiden Hilfszügel zu verwenden, muss man am Anfang sehr vorsichtig damit umgehen und das Pferd Schritt für Schritt daran gewöhnen. Nur langsam wird der Hilfszügel verkürzt, bis das Pferd die gewünschte Haltung einnimmt. Danach arbeitet man mit dem Pferd an der Longe wie bisher.

DIE VERSAMMELNDE ARBEIT AN DER LONGE

Bis jetzt handelte es sich bei der Longenarbeit eher um entspannende, also die Oberlinie des Pferdes verlängernde Arbeit in Dehnungshaltung, jetzt allerdings wollen wir allmählich

Versammelnde Longearbeit unter dem Reiter

zur versammelnden Arbeit übergehen. Wann ist der Moment für die versammelnde Arbeit erreicht, ohne dass das Pferd damit überfordert wird? Sobald Ihrem Pferd Lektionen wie Rückwärtstreten, Galopp-Trab-Übergänge sowie Haltparaden aus dem Trab, Schwungentfaltungen (wie Mitteltrab und Mittelgalopp), aber auch Schulterherein (siehe Doppellonge - Seitengänge) an der Longe und unter dem Reiter nicht mehr fremd sind, ist es an der Zeit, mit der versammelnden Arbeit zu beginnen. Die versammelnde Arbeit an der Longe erkennt man rein äußerlich am kleineren Longierzirkel, der etwa 13 Meter beträgt und bei Bedarf auf bis zu sieben Meter verkleinert werden kann.

Vorerst der Ablauf einer versammelnden Longenlektion:

Das Pferd ist ebenso ausgerüstet wie bei der herkömmlichen Longenarbeit. Eventuell kann man dem Pferd Gamaschen oder Bandagen anlegen, sollte es zum Streichen neigen. Zunächst wird das Pferd nicht ausgebunden und geht im fleißigen Schritt auf großem Longierzirkel. Ist das Pferd nun im Schritt etwas aufgewärmt, wird es ausgebunden und zwar anfangs noch nicht zu kurz, aber hoch genug am Longiergurt um seine Aufrichtung zu fördern, ohne jedoch das Pferd mit dem Ausbinder in eine künstliche Aufrichtung zu bringen. Der Ausbinder wird so verschnallt, dass er annähernd waagrecht steht, wenn das Pferd beigezäumt ist. Auch hier arbeitet man zuerst auf großem Zirkel. Hat das Pferd sich nun sichtbar losgelassen, beginnt die eigentliche versammelnde Longenarbeit.

Nun wird das Pferd etwas kürzer ausgebunden und an der Longe etwas hereingenommen, je nach seiner Fähigkeit, die man daran erkennt ob das Pferd auf dem verkleinerten Zirkel mit der Hinterhand ausweicht oder nicht. Je nach Reaktion des Pferdes kann man den Zirkel immer wieder verkleinern und vergrößern. Erste Ausbildungsziele auf dem verkleinerten Zirkel sind Haltparaden aus dem Schritt, danach Trab-Schritt- und in der Folge Galopp-Trab-Übergänge in annähernd versammeltem Tempo. Daran wird solange gearbeitet, bis das Pferd fähig ist, auf einem Kreis von sieben Metern versammelt zu galoppieren. Jedoch sollte immer wieder bedacht werden, dass so wie wir Menschen nicht ununterbrochen Höchstleistung bringen können, auch Pferde der Entspannung bedürfen. So sollte man das Pferd immer wieder den Kreis vergrößern und in entspanntem Tempo gehen lassen, damit aus Spannung nicht Verspannung wird.

Ebenso verfährt man nun auch unter dem Reiter, welcher das Pferd noch besser einrahmt und es lehrt, auch unter dem Reiter versammelt zu gehen.

Nach Erreichen dieses Ausbildungsstadiums und durchaus parallel zur klassischen Arbeit an der Longe ist es nun an der Zeit mit der Arbeit an der Doppellonge zu beginnen.

Schema der Ausbildung an der Longe

- *Gewöhnung an die Longierausrüstung beziehungsweise Sattelzeug und Zäumung*
- *Anlongieren des jungen Pferdes*
- *Vorsichtiges und gefühlvolles Anreiten*
- *Kombinierte Longen- und Reitarbeit, Gewöhnung an gerade Linien*
- *Longe und Reitarbeit über Cavaletti, Verbessern von Takt und Schwung*
- *Verkleinern des Zirkels an der Longe und unter dem Reiter zur Verbesserung der Tragkraft*
- *Beginn der Doppellongenarbeit*

Die Arbeit an der Doppellonge

Nun folgt die Arbeit an der Doppellonge, welche wesentlich mehr Varianten der Arbeit mit dem Pferd vom Boden aus bietet als die herkömmliche Longenarbeit. Sie ist die nächste Ausbildungsstufe in dem hier vorgestellten systematischen Aufbau ergänzender Ausbildung an der Hand. Hier kann man verstärkt an Biegung, Stellung und verschiedenen Hufschlagfiguren arbeiten und sämtliche Gänge der hohen Schule entwickeln.

DIE AUSRÜSTUNG

Für die Doppellongenarbeit benötigen wir folgende Ausrüstungsteile:

- Zu Beginn der Arbeit mit einem jungen Pferd einen Kappzaum wie bereits bei der Longenarbeit, jedoch ist es jetzt wichtig, dass der Kappzaum drei Ringe hat. Später einen Zaum mit Trensengebiss oder aber einer D-förmigen Springkandare, welche im Laufe der Ausbildung das Pferd verfeinern soll
- Doppellongegurt mit vier Rollen sowie eine Doppellonge aus 14 Meter Baumwollgurt von drei Zentimeter Breite, welche in zwei Stricke mit Karabinern von zwei Metern Länge auslaufen (die Stärke des Stricks ist den Rollen anzupassen)
- Longierpeitsche, Bogenpeitsche und Touchierpeitsche

Die Arbeit mit der Doppelonge beginnt man zuallererst nur am Kappzaum ohne Gebiss, um das Maul des Pferdes nicht unnötig zu strapazieren, die Hilfengebung ist im Prinzip dieselbe wie bei der Longenarbeit. Arbeitet man in fortgeschrittenem Ausbildungsstadium direkt hinter dem Pferd, benutzt man die bereits erwähnte Touchierpeitsche oder die Bogenpeitsche.

Die Doppellonge wird durch den inneren Ring des Kappzaumes gefädelt und im Longiergurt eingehängt, der äußere Teil der Doppellonge wird über den Rücken und durch den Ring im Gurt geführt und dann im Kappzaum befestigt. So erreiche ich bei einem Pferd, dem diese Arbeit noch unbekannt ist, die gewohnte Führung über die Nase, habe aber bereits einen äußeren Zügel zur Verfügung, an dessen Vorhandensein sich mein Pferd nun an der Longe gewöhnen kann. Der äußere Zügel reguliert durch halbe Paraden das Tempo und erweitert den Kreis, auf dem das Pferd läuft, hat aber vorerst keine andere Funktion. Nun arbeiten wir wie bereits an der Longe mit Übergängen in den drei Grundgangarten. Ist das Pferd hierin sicher, legen wir die Longe vorsichtig vom Rücken hinten um die Kruppe herum und verfahren wie gehabt. Die Einwirkung der äußeren Leine muss sehr einfühlsam sein, da durch das Auf- und Abfußen des äußeren Hinterbeines die Leine ruckartig verkürzt und verlängert wird, wenn die Hand nicht ausgleichend wirkt. Hat sich das Pferd nun an die Longe um die Kruppe gewöhnt, welche ein Ausbrechen der Hinterhand verhindern soll, wird auch die innere Longe zuerst durch den Longiergurt gefädelt und dann im Kappzaum befestigt. Ab diesem Zeitpunkt haben wir die Möglichkeit, fast alle Hufschlagfiguren zu nutzen, so weit es unser

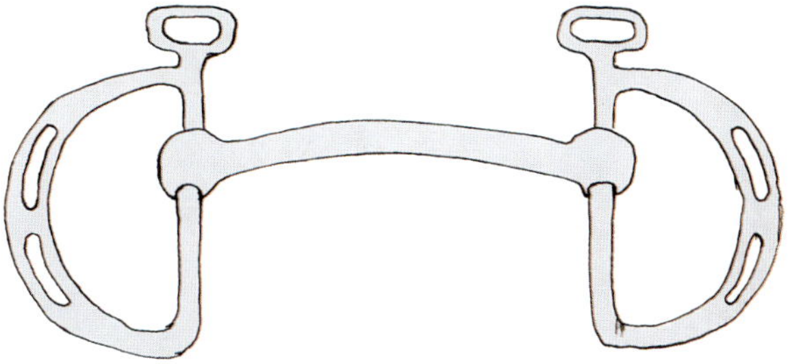

Die ungebrochene Kimblewickkandare vereint die Vorzüge der Trense mit minimaler Hebelwirkung einer Kandare: gut geeignet für Doppellonge und langen Zügel

Bogenpeitsche *Kurze Fahrpeitsche* *Touchierpeitsche*

Der Beginn der Doppellongearbeit wird durch diese Verschnallung der Doppellonge und den Ausbindezügel erheblich erleichtert.

Geschick und unsere Kondition zulassen.
Lassen Sie mich zum Thema Geschick und Kondition noch einige Worte sagen: der Umgang mit den Longen und der Peitsche gleichzeitig lässt einen zu Beginn der Doppellongenarbeit etwas verzweifeln! Verzagen Sie nicht und üben Sie immer munter weiter, bis Sie den Dreh raushaben! Sogar die Kondition, die Sie benötigen, um über einen längeren Zeitraum hinweg hinter Ihrem Pferd herzuwieseln, stellt sich nach einiger Anstrengung ein. Achten Sie darauf, dass, von den Enden der Doppellonge ausgehend, die Leinen in mittellangen und regelmäßigen Schlaufen in Ihrer Hand liegen. Sind die Schlaufen zu kurz, hat man unnötig viel in der Hand, sind sie dagegen zu lang, kann es passsieren, dass man auf sie tritt und stolpert. Wird die Doppellon-

Schrittarbeit auf dem Zirkel: da die Doppellonge in einem Seil endet, lässt sich ihr Verdrehen nicht verhindern.

ge einhändig geführt, teilt man beide Leinen durch den Zeigefinger. Die erste Feuerprobe bei der Führung der Leinen stellt der Handwechsel dar. So muss der Ausbilder die neue innere Leine um etwa 1,5 Meter verkürzen und gleichzeitig die neue äußere Leine um etwa dasselbe Maß verlängern. Die Peitsche wird während dieses Vorganges umgedreht unter die Achsel geklemmt, um den Handwechsel nicht zu behindern. Der Handwechsel erfolgt entweder in einer Kurzkehrtwendung, aus der Zirkellinie oder in einer Lektion, die man „zum Hufschlag umkehren" oder „Kehrtvolte" nennt.

Reagiert mein Pferd nun schon sicher auf Paraden und Wendungen, tausche ich den Kappzaum gegen den normalen Reitzaum aus. Spätestens jetzt sollte das Pferd beigezäumt

Handwechsel an der Doppellonge: Kurzkehrtwendung nach außen (hier der Abschluss der Wendung)

Führung der Leinen über Umlenkrollen

gehen, wenn dies nicht sowieso schon am Kappzaum der Fall war. Bei der Arbeit auf Trense empfehle ich, zumindest am Anfang, die Wiener Trense, deren obere Knebel mit dem Backenstück des Zaumes verbunden sind. Nun sollte man die Doppellonge auch durch die am Longiergurt befestigten Rollen laufen lassen, um die Verbindung zum Pferdemaul so direkt und ruckfrei wie möglich zu gestalten. Je geringer der Reibungswiderstand umso besser, sparen Sie also nicht an den Rollen, welche Sie in allen Größen in Fachgeschäften für Yachtzubehör erhalten. Noch ein kleiner Tipp zur Doppellonge: Gurte und Seile nach

Galopparbeit auf der Zirkellinie

Ihrem Geschmack können Sie in jeder Seilerei erwerben. Experimentieren Sie ein wenig und finden Sie jenes Material, das Ihnen am meisten entspricht.

GYMNASTIZIERENDE HUFSCHLAGFIGUREN

Hat man das Pferd erst einmal an die Grundlagen der Doppellongenarbeit gewöhnt, kann man mit ihm, zuerst im Schritt, später im Trab, alle Hufschlagfiguren gehen, die uns möglich erscheinen. Hufschlagfiguren gibt es viele, einige jedoch haben eine besondere gymnastizierende Wirkung.

Besonders herausragend in diesem Zusammenhang ist die Volte oder kleine Tour. In der fortgeschrittenen Ausbildung kommt der Volte dieselbe Bedeutung wie beim frisch angerittenen Pferd dem Zirkel. Korrekt an der Doppellonge oder unter dem Reiter durchgeführt, dient sie der Überprüfung von Geschmeidigkeit, Gleichgewicht und vor allem der Durchlässigkeit des Pferdes. Viele Reiter sind trotz einiger Erfahrung nicht imstande, korrekte, runde Volten zu reiten. Ursprünglich bezeichnete man als eine Volte

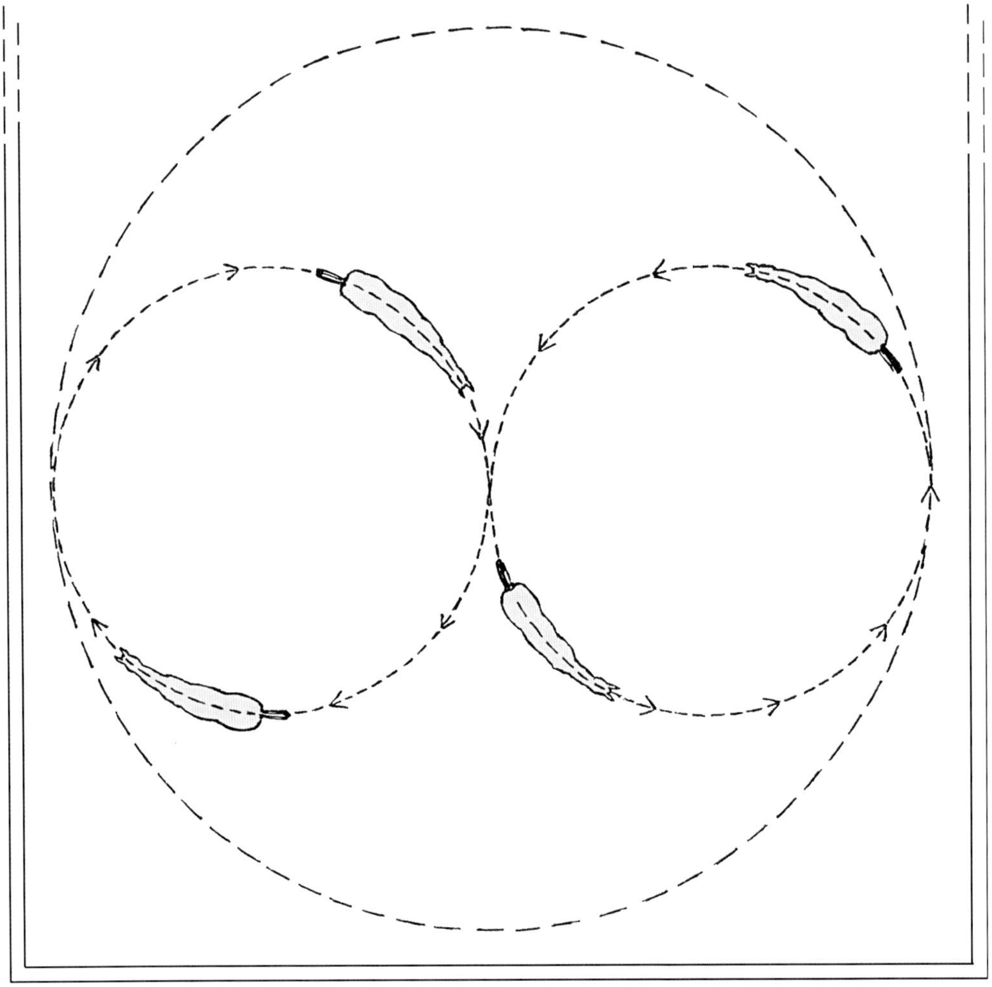

Die Acht im Zirkel

einen Kreis von sechs Schritten Durchmesser, während die kleine Tour bis zu zehn Meter Durchmesser hatte. Volte und kleine Tour gleichermaßen sind kreisförmig und nicht etwa eckig oder elliptisch. Zur Heranbildung eines jungen Pferdes sind Volten ein wichtiges Hilfsmittel. Zur Erleichterung führt man die erste Volte in der Ecke aus, hier ist der erste Halbkreis bereits durch zwei Wände begrenzt. An der Doppellonge wird die innere Leine etwas verkürzt, der Ausbilder bleibt in der Volte oder kleinen Tour etwa im Zentrum des Kreises oder geht ein wenig mit. Die äußere Leine, die um die Kruppe herumläuft, begrenzt das Pferd, um zu verhindern, dass es mit der Kruppe nach außen ausweicht. Die Volte wird in vier Teile geteilt, also vier Viertelwendungen. Bei jedem Viertel erfolgt eine leichte Parade an der Außenleine, ohne die Stellung und Biegung dabei zu verlieren. Um das Pferd nachzutreiben, benutzt man eine Bogenpeitsche.

Unter dem Reiter wird das Pferd mit dem inneren Zügel in die Wendung geführt. Der innere Schenkel fordert von dem Pferd die entsprechende Biegung und liegt am Gurt. Der innere Schenkel sorgt gleichermaßen auch für den Takt und Fluss der Bewegung, während der äußere Schenkel verwahrend hinter dem Gurt liegt und den inneren Schenkel beim Biegen unterstützt. Er verhindert, dass das Pferd mit der Kruppe nach außen weicht. Der äußere Zügel bestimmt die Größe der Volte und das Maß der Kopfstellung. Beide Sitzknochen sind belastet, der Reiter neigt sich weder übermäßig in die Wendung noch darf er mit seinem Gesäß nach außen wegrutschen. Sitzt der Reiter nämlich entgegengesetzt zur Bewegungsrichtung, hätte das ein Abgleiten von der Voltenlinie zur Folge, da das Pferd dem Gewicht des Reiters folgt.

Sowohl an der Doppellonge als auch unter dem Reiter dürfen Schwung und Takt nicht verloren gehen. Zur Vorbereitung einer korrekten Volte kann auch der Zirkel verkleinert werden und dies bis auf eine Größe von acht bis zehn Meter. Auf der Volte oder dem verkleinerten Zirkel bleibt man höchstens zwei bis drei Runden, um das Pferd damit nicht zu überfordern. Später verlangt man die Volten an jeder beliebigen Stelle der Reitbahn, sowohl am Hufschlag als auch auf der freien Linie. Auf freien Linien ist darauf zu achten, dass die Volte geschlossen ist, das heißt dort beendet wird wo man sie begann.

Aus der Volte ergibt sich eine weitere Hufschlagfigur: das im Zirkel Wechseln sowie die Acht im Zirkel. Die genaue Einhaltung der Linienführung ist bei der Ausführung beider Figuren sehr wichtig. Diese Lektion erhöht in gesteigertem Maße die Geschmeidigkeit des Pferdes gerade im Hinblick auf seine Stellung und Seitenbiegung. An der Doppellonge kommt es oft zu Schwierigkeiten mit den Longen - das Verkürzen und Verlängern der Leinen erfordert einige Übung. Am Wechselpunkt wird die neue äußere Leine etwas verlängert, während die neue innere Leine etwas verkürzt wird. Unter dem Reiter gelten dieselben Hilfen wie für die Volte beschrieben. Beim Umstellen wird das Pferd erst gerade gestellt und dann in die neue Richtung umgestellt. Um ein Hochdrücken des Pferdekopfes zu vermeiden, erfolgt das Umstellen gegen den leicht gegenhaltenden Widerstand des neuen äußeren Zügels. Häufiges Ändern der Gangart sowie Haltparaden und Verändern der Größe der Acht im Zirkel führen zu höherer Aufmerksamkeit des Pferdes. Gesondert ist darauf zu achten, dass sich das Pferd in keinem der Halbkreise mit seinem Gewicht nach innen lehnt oder gar mit der Schulter hereinfällt. Abhilfe schafft hier der äußere Zügel beziehungsweise der innere Schenkel oder an der Doppellonge die äußere Leine beziehungsweise die Peitsche, die an die Schulter oder den Hals zeigt. Derart enge Wendungen wie eben beschrieben werden in der ersten Zeit nur im Schritt und im Trab verlangt. Den Galopp verlangen wir in der Doppellongenarbeit erst viel später, nämlich dann, wenn das Pferd bereits zu gesetzten und erhabenen Galoppsprüngen fähig ist, deren Tempo wir zu Fuß auch mithalten können. Natürlich wird der Galopp in der Reitarbeit, parallel zu den anderen Grundgangarten, bereits in der Basisarbeit gefordert und gefestigt.

DIE SEITENGÄNGE

Als Seitengänge bezeichnet man alle Bewegungen, bei denen das Pferd nicht nur vorwärts, sondern auch seitwärts tritt. Erst nach entsprechenden Fortschritten in der Durchgymnastizierung und Bildung des Pferdes darf man beginnen, die Seitengänge zu verlangen.
Sie sind, wie schon die alten Meister sagten, die schwierigsten Lektionen, die es gibt, da man Seitengänge immer erarbeiten muss, gleich ob vom Boden oder als Reiter zu Pferd. Selbst Pferde, welche wahre Meisterschaft in Seitengängen erlangt haben, müssen korrekt dazu aufgefordert werden, da sie die Lektion sonst nicht oder unzureichend ausführen. Seitengänge haben wie kaum eine andere Übung großen gymnastischen Wert für das Pferd, denn sie fördern Schulterfreiheit, Stellung, Biegung und Aufrichtung des Pferdes, alles Grundsäulen der Reitkunst.
In der Reiterei kennt man seit Jahrhunderten folgende Seitengänge:

- das Schenkelweichen
- das Schulterherein
- den Renvers
- das Kruppherein oder den Travers
- die Traversale
- den ganzen Travers

DAS SCHENKELWEICHEN

Die erste vorbereitende Lektion, die unser Pferd erlernen sollte, ist das Schenkelweichen, doch darf man dieser Übung nicht mehr Bedeutung beimessen als ihr zukommt. In der Spanischen Reitschule beschränkt sich das Schenkelweichen ausdrücklich nur auf seinen ursprünglichen Zweck. Das Schenkelweichen, welches unverständig und im Übermaß angewandt wird, schädigt sogar das Pferd. Mit dieser Übung wird dem Pferd lediglich der seitwärts treibende Schenkel bekannt gemacht. Diese Übung wird vom Pferd das erste Mal im Schritt oder sogar im Halten verlangt. Im Halten allerdings verlangt man sie nur unter dem Reiter und zwar in folgender Weise: Nach einer Haltparade, bei der das Pferd auf vier Beinen stehen sollte und damit sein Gewicht auf alle vier Beine gleichermaßen verteilt trägt, wird es durch den leicht hinter den Gurt genommenen Schenkel, unterstützt durch den gleichseitigen Zügel, aufgefordert, dem Druck oder den Vibrationen des Schenkels nachzugeben. Das Pferd weicht also dem Schenkel und tritt damit seitwärts. Bei der ersten vom Reiter erwünschten Reaktion, also dem seitlichen Übertreten in die gewünschte Richtung, wird das Pferd gelobt und die Übung

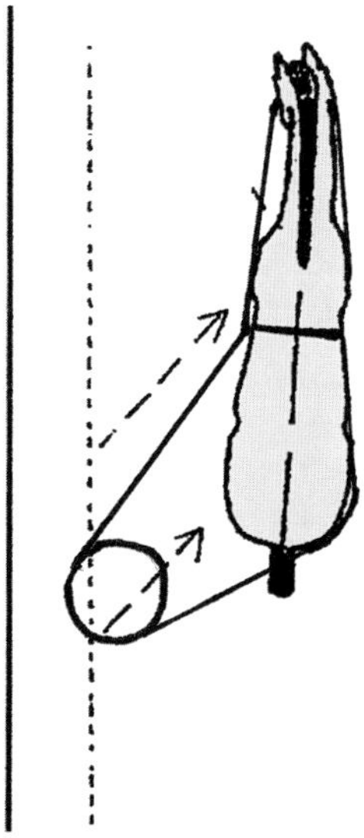

Schenkelweichen an der Doppellonge

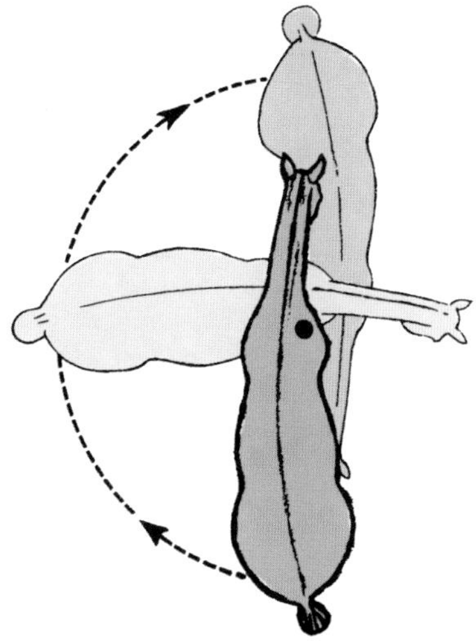

Vorhandwendung

danach wiederholt. Zu Beginn dieser Lektion ist die Arbeit an der Hand nach iberischem Stil besonders nützlich. Diese Übung kann bis zur vollständigen Vorhandwendung fortgesetzt werden. Während die Vorhandwendung in der klassischen Dressur nur ein Hilfsmittel darstellt, ist sie in der spanischen Doma Vaquera zum Beispiel eine eigene Lektion, die in der Arbeit mit den Stieren der iberischen Halbinsel durchaus ihre Berechtigung hat. Hat das Pferd auf diese Art und Weise den seitwärtstreibenden Schenkel erst einmal angenommen, beginnen wir mit dem Schenkelweichen im Schritt und Trab. Hier kommt nun auch die Doppellongenarbeit zum Einsatz. Am einfachsten gelingt das Schenkelweichen an der Doppellonge von der Mittellinie aus. An der Doppellonge übernimmt die Bogenpeitsche die Funktion des seitwärts treibenden Schenkels.

DAS SCHULTERHEREIN

Nun aber zur weitaus wichtigeren Lektion, zum ersten wirklichen und korrekten Seitengang, welchen ein Pferd erlernen sollte, dem Schulterherein! Erfunden wurde das Schulterherein von Guérinière zur Gymnastizierung, der die Lektion in seinem Buch „Ecole de Cavalerie" auch genau beschrieben hat. Im Schulterherein ist das Pferd um den inneren Schenkel gestellt und gebogen, mit der Vorhand bis zu einem Schritt ins Innere der Bahn gestellt und bewegt sich nach der der Kopfstellung entgegengesetzten Seite. Die äußeren Beine fußen vor den inneren. Im Schulterherein wird eine erhöhte Hankenbiegung des jeweiligen inneren Hinterbeines verlangt und gefördert sowie die Schulterfreiheit entwickelt.

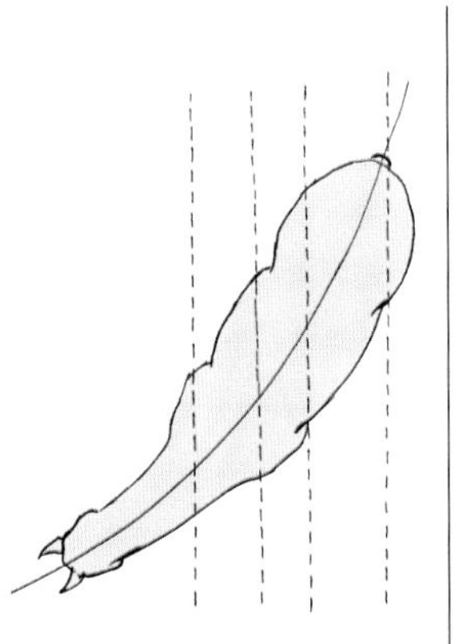

Schulterherein auf vier Hufschlägen

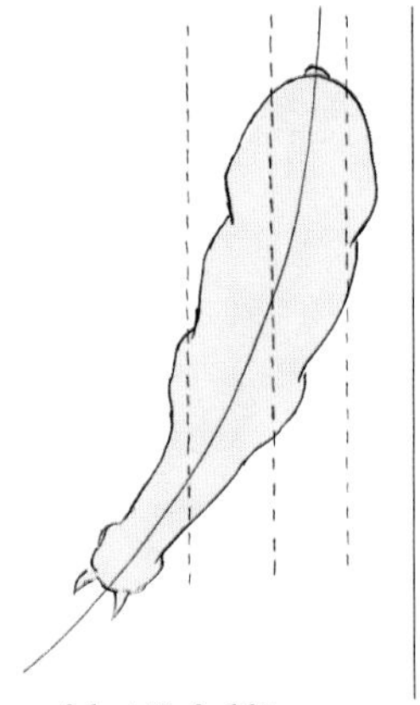

Schulterherein auf drei Hufschlägen

Grundsätzlich gibt es zwei Formen des Schulterherein: das Schulterherein auf drei Hufschlägen, das auf Turnieren von Sportpferden verlangt wird, und das Schulterherein auf vier Hufschlägen, das nach altklassischer Auffassung mit Barockpferden wie spanischen und portugiesischen Pferden praktiziert wird. Ob das Schulterherein auf drei oder auf vier Hufschlägen geritten wird, erkennt man daran, dass bei Betrachtung von vorne auf drei Hufschlägen beim Pferd drei Beine sichtbar sind, da ja das innere Hinterbein vom äußeren Vorderbein verdeckt ist. Auf vier Hufschlägen geritten sind alle vier Beine des Pferdes sichtbar, da es stärker abgestellt ist und somit auch mehr gebogen. Diese Form des Schulterherein ist jene, die von de la Guérinière erfunden wurde und heute noch in den klassischen Reitinstituten und auf der iberischen Halbinsel geritten wird. Der Sinn und Zweck des Schulterherein wird in seiner Vollständigkeit nach der Meinung de la Guérinères, der Spanischen Reitschule und auch meiner eigenen nur beim Schulterherein auf vier Hufschlägen erfüllt. Diese sind: das Biegen der Hanken, das Freiwerden der Schulter, die Verbesserung der Anlehnung und die Erhöhung von Geschicklichkeit und Geschmeidigkeit des Pferdes.

Bei zu geringer Abstellung des Pferdes wird das Schulterherein nur allzu leicht zum Schenkelweichen und im Schenkelweichen werden die Hanken niemals gebogen! Wie beim nur angedeuteten Schulterherein geht auch beim zu starken Abstellen des Pferdes vom Hufschlag der Sinn des Schulterherein verloren. Ebenso wichtig wie die korrekte Abstellung des Pferdes ist es, das Schulterherein auf beiden Händen gleichermaßen und in gleicher Art zu verlangen. Ist das Pferd auf der einen Hand auf vier Hufschlägen geritten und auf der anderen zu wenig abgestellt, so wird die Übung einfach nur so gezeigt wie das Pferd sie anbietet, und das Schulterherein ist ohne gymnastischen Wert. Alle Pferde lassen sich auf der einen

Hand - meist die rechte - leichter hereinstellen als auf der anderen. Das liegt daran, dass sie den Zügel auf dieser Seite besser annehmen als auf der hohlen Seite, welche meist die linke ist. Alle Seitengänge und ihre Vor- beziehungsweise Konterübungen in der Doppellongenarbeit können die Reitarbeit ergänzen. Sowohl unter dem Reiter als auch an der Doppellonge lehre ich die Seitengänge, also Schulterherein und alle Traversalen sowie den Renvers aus dem Trab. Im Trab hat das Pferd mehr Schwung als im Schritt, was sich naturgemäß immer als Vorteil erweist. Am einfachsten entwickelt man das Schulterherein auf einem Zirkel und zwar sowohl unter dem Reiter als auch an der Hand. Vorbedingung ist ein lebhafter, bereits verkürzter Trab, eine gleichmäßige Anlehnung und ein Pferd, das entsprechend der Zirkellinie gebogen ist. An der Doppellonge nimmt man nun die Schulter des Pferdes mit der inneren Leine etwas in den Zirkel herein, dabei verhindert die äußere Leine ein Verbiegen des Halses. Der innere Zügel sorgt nun für die weitere Einhaltung der Innenstellung, der äußere Zügel bestimmt das Maß der Stellung. Mit der langen Gerte an der Innenseite des Pferdes, und zwar genau an jener Stelle, an der auch der Schenkel liegen würde, erhält man die Seitenbiegung des Pferdekörpers. Die Seitenbiegung sollte vom Kopf bis zur Schweifwurzel gleichmäßig verlaufen. Die äußere Leine, die um die Kruppe verläuft, verhindert gleichzeitig auch ein Ausfallen der Hinterhand.

Unter dem Reiter sind die Zügelhilfen mit den Leinenhilfen identisch, die Schenkelhilfen kommen jedoch hinzu. So sorgt der Innenschenkel mit tiefem Knie und am Gurt für die gleichmäßige Seitenbiegung und animiert das innere Hinterbein zum Untertreten sowie das innere Vorderbein zum Übertreten. Der äußere Schenkel hingegen liegt leicht hinter dem Gurt, vermeidet ein Ausfallen der Hinterhand und erhält die Vorwärtsbewegung. Der schmiegsame, der Biegung des Pferdes ange-

Schulterherein im Trab: das Pferd ist aufmerksam und gut gestellt und gebogen.

Immer korrekt: Haltparade aus dem Schulterherein

Der Autor auf dem Lusitanohengst Cartucho: Schulterherein rechts geritten

passte Sitz mit seinem ungezwungen in Richtung des Seitenganges mitgehenden Gewicht reicht aus, den Schwung der versammelten Seitenbiegung zu erhalten. Man verlangt anfangs nur wenige Tritte und stellt das Pferd wieder zurück auf die Zirkellinie. Das verhindert eine Überforderung und den Schwungverlust beim Pferd. Nimmt das Pferd die Übung auf beiden Händen gut an, entwickeln wir das Schulterherein aus der Volte an der langen Seite.

DAS KONTERSCHULTERHEREIN

Um aus der Geradeausbewegung ins Konterschulterherein überzugehen, verlangt der Ausbilder zunächst Konterstellung und Konterseitenbiegung und dirigiert das Pferd nach der Ecke auf den zweiten Hufschlag, um dann die Schulter des Pferdes nach außen zu führen. Hier ist eine deutlich begrenzend wirkende

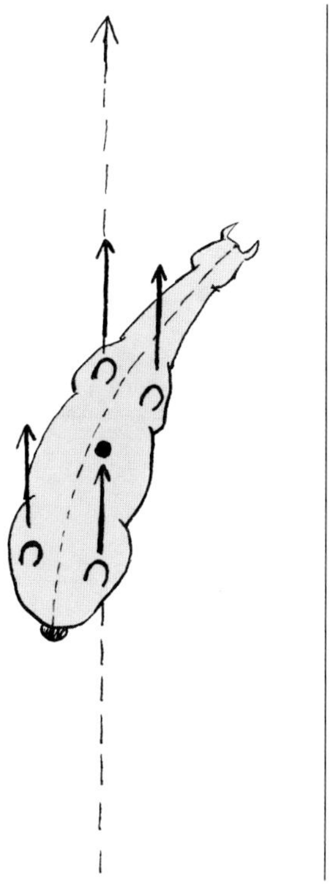

Die Hilfengebung im Konterschulterherein ist seitenverkehrt zu jener im Schulterherein.

Innenhilfe (Peitschenhilfe an der inneren Gurtlage beziehungsweise Innenschenkel bei der Reitarbeit) notwendig, da ja die begrenzende Wand fehlt. Generell ist die Hilfengebung im Konterschulterherein mit dem Schulterherein identisch, nur seitenverkehrt. Gerade bei dieser Lektion ist es besonders wichtig darauf zu achten, dass das Pferd nicht statt Konterschulterherein Schenkelweichen zeigt, womit der Sinn der Übung, nämlich verbesserte Stellung und Biegung, verloren gehen würde.

FEHLER BEIM SCHULTERHEREIN UND IHRE ABHILFE

Konterlektionen bilden immer ein äußerst geeignetes Mittel zur Korrektur.
Verkanten oder Verwerfen nennt man das Schieflegen des Pferdekopfes, das im Schulterherein daran erkennbar ist, dass ein Ohr des Pferdes tiefer liegt als das andere. Fast immer liegt der Fehler ursprünglich an einem klemmenden äußeren Zügel, worauf das Pferd im Genick verwirft und sich damit einer korrekten Stellung entzieht. Das Pferd nimmt zumeist das innere Ohr tiefer, woraufhin man als Korrektur beim Reiten die innere Hand etwas anheben kann. Stellt sich der Fehler jedoch an der Doppellonge ein und auf einen etwas elastischeren Umgang mit dem äußeren Zügel erfolgt nicht die gewünschte Reaktion, so ist es meist zu früh um das Pferd Schulterherein zu lehren, und wir müssen zur Biegearbeit auf gebogenen Linien zurückkehren, bis das Pferd Stellung und Biegung besser annimmt!

Schwungverlust und Anlehnen an die Bande:

Um diesen Fehler zu korrigieren, wechselt man häufig aus dem Schulterherein auf die Diagonale oder führt die Lektion auf freien Linien, das heißt zuerst am zweiten Hufschlag, später auf der Mittellinie aus.

Davonstürmen und Verlassen der Linie (Hufschlag):

Hier empfiehlt sich, das Pferd aus dem Trabschulterherein ins Schrittschulterherein durchzuparieren und wieder anzutraben, ohne die

Das Konterschulterherein: Konterlektionen sind immer ein geeignetes Mittel zur Korrektur.

korrekte Stellung, Biegung oder Abstellung aufzugeben. Später, wenn das Pferd diese Übung ohne Probleme annimmt, unterbricht man das Schulterherein mit einer Haltparade - in Schulterhereinabstellung - und trabt daraus wieder an. Auch Schritt-Halt-Übergänge sind natürlich möglich, haben aber weniger gymnastizierenden Effekt. Das Konterschulterherein empfiehlt sich hier als ausgleichende Gegenlektion.

Mangelnder Übertritt des inneren Hinterbeines:
Dieser Fehler nimmt der Lektion jeden gymnastischen Effekt - das Pferd tritt nicht mehr unter das Gewicht, dadurch fehlt die Hankenbeugung. Vermehrtes Herantreiben des inneren Hinterbeines an den äußeren Zügel mit der Peitsche (mit dem Innenschenkel unter dem Reiter) bei genügend Schwung schafft hier Abhilfe. Schuld ist hier fast immer ein Hereinziehen des Kopfes mit dem Innenzügel bei gleichzeitigem Verlust des Schwunges.

Taktfehler:
siehe Schwungverlust

Übertrieben stark gebogenes Pferd (man spricht auch vom „Verbiegen" des Pferdes):
Hier schafft das Konterschulterherein Abhilfe. Es ist das beste Mittel, um eine falsche Biegung zu korrigieren. Zunächst nimmt man das Pferd ins Schulterherein. Verbiegt das Pferd sich nun, stellt man das Pferd in die Bewegungsrichtung um, um es dann zunächst gerade zu richten und hierauf in die korrekte Stellung zu bringen. Dies wird ein paar Mal wiederholt, bis das Pferd in der korrekten Stellung und Biegung verbleibt.

DER RENVERS

Der Renvers wird nach moderner Auffassung wie folgt durchgeführt: Konterstellung - Abstellen des Pferdes mit der Schulter vom Hufschlag oder einer anderen Linie - Stellung und Biegung in die Bewegungsrichtung. Der Renvers stellt eine ungleich schwierigere Lekti-

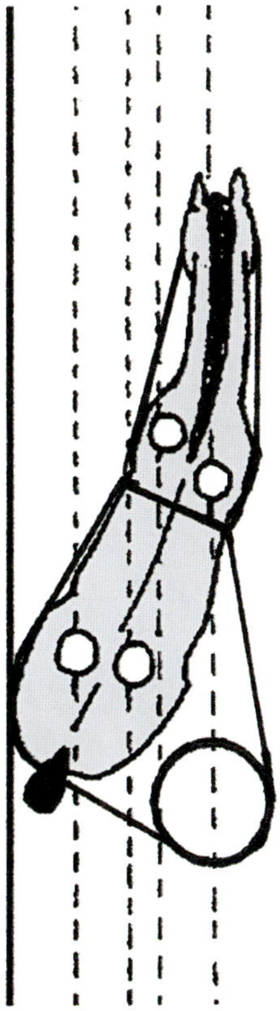

Renvers an der Doppellonge

Cartucho im Renvers auf der freien Linie

on dar als das Schulterherein. Guérinière bezeichnete diese Lektion mit „Croupe au mur" (Kruppe zur Wand). Das Pferd wird auf vier Hufschlägen geführt. Beim Renvers links geht der Doppellongeführer an der linken Seite des Pferdes, beim Rechtsrenvers natürlich auf der rechten Seite. Müßig zu sagen, dass beim gerittenen Renvers natürlich in die Bewegungsrichtung gesessen wird. Im Zusammenhang mit dem Renvers gibt es folgende altklassische Lektion, welche nur noch in der Spanischen Reitschule in Wien in Verwendung ist: Schulterherein - aus dem Schulterherein Passade, also eine Hinterhandwendung im Trab (nun sind wir etwa drei bis fünf Meter vom Hufschlag entfernt), daraus Übergang in die Traversale und weiter Übergang zum Renvers am Hufschlag. In der Spanischen Reitschule wird diese Übung kurz als Schulterherein - Passade - Renvers bezeichnet. Sie hat den Sinn, das Pferd geschmeidiger in den Seitengängen zu machen und eine prompte

Reaktion auf den Schenkel zu fördern. Auch der Renvers bildet eine gute Konterlektion zum Schulterherein!

DER TRAVERS UND DIE TRAVERSALE

Die Traversale ist im Prinzip dieselbe Lektion wie der Travers (Kruppherein), wird jedoch auf der freien Linie ausgeführt. Das Kruppherein, welches am Hufschlag ausgeführt wird, hat einige Nachteile, daher wird es an der Spanischen Reitschule kaum geübt: die meisten Pferde neigen sowieso zum Schiefgehen, mit dieser Lektion verstärkt man unter Umständen diese Veranlagung.

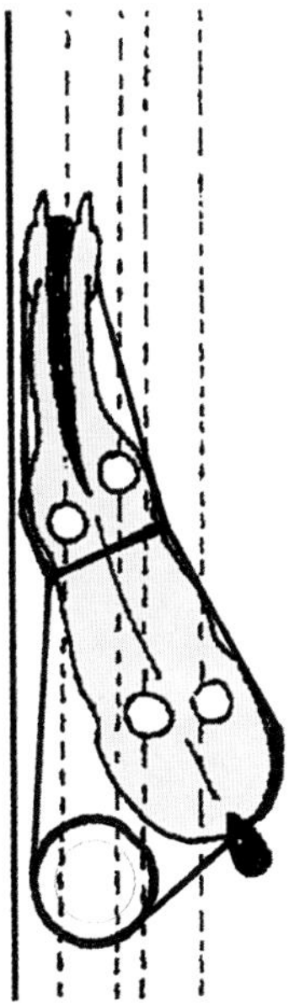

Travers an der Doppellonge

Die Anwendung des Kruppherein sollte daher auf seltene und spezielle Fälle beschränkt bleiben. Selbst ein Travers mit nur wenig Abstellung der Hinterhand in die Bahn ist keinesfalls mit dem Schiefgehen des Pferdes zu verwechseln. Das angestrebte Ziel ist ein Biegen der Hinterhand, Vermehrung der Seitenbiegung und das Fördern des Schenkelgehorsams! Anwendung findet das Kruppherein bei Pferden, die sich auf einer Seite festmachen und schief gehen, und zwar am günstigsten in folgender Art: Geht das Pferd zum Beispiel auf der linken Hand immer schief und nimmt die Kruppe zur Mitte der Bahn hinein, übe ich auf der linken Hand Schulterherein und auf der rechten Hand Kruppeherein, dies ist einer der Fälle, in denen sich das Kruppherein bewährt. Ebenfalls hilfreich kann das Kruppherein zum Einsatz kommen, wenn ein Pferd schwerfällig ist und nur phlegmatisch auf vorwärtstreibende Hilfen reagiert. Hier wird immer wieder zwischen Schulterherein und Kruppherein gewechselt, dies sogar mehrmals an einer langen Seite. So wird der Schenkelgehorsam vermehrt und die Geschicklichkeit des Pferdes gefördert. Wie bereits im Schulterherein beschrieben, kann man auch den Travers mit einer Volte beginnen beziehungsweise unterbrechen. Mehr als die hier beschriebene Bedeutung sollte dem Kruppherein jedoch nicht beigemessen werden.

Auch bei der Traversale beginnen wir die Entwicklung der Lektion gleichermaßen unter dem Reiter und an der Doppellonge. Der Sitz und die Einwirkung des Reiters sind hier von besonderer Wichtigkeit. Der innere Zügel gibt dem Pferd die Stellung, ohne zwingend zu

wirken, der innere Schenkel erhält den Vorwärtsdrang. Der äußere, leicht hinter den Gurt genommene Schenkel, unterstützt durch den äußeren Zügel, veranlasst das Pferd seitwärts zu treten. Das Gewicht des Reiters hat einen natürlichen Hang in die Bewegungsrichtung, der innere Steigbügel ist deutlicher belastet, der Reiter blickt in die Bewegungsrichtung.
Die Hilfen an der Doppellonge: Der Ausbilder tritt seitwärts zur Mitte der Reitbahn, die innere Leine stellt das Pferd und führt es in die Traversale hinein, mit der tiefen äußeren Leine nimmt der Ausbilder die Kruppe mit in die Traversale und verhindert ein Ausbrechen der Hinterhand. Gegebenenfalls treibt man mit der Bogenpeitsche das Pferd außen nach, um das Pferd lebhafter übertreten zu lassen, oder innen, um den Vorwärtsdrang zu steigern.
Bei jungen Pferden übt man die Traversale zunächst aus einem Umkehrtwechsel, an den die Traversale angeschlossen wird. In der Traversale, in der Spanischen Reitschule auch nur kurz „Verschiebung“ genannt, befindet sich der Pferdekörper parallel zur Wand, deutlich gestellt und gebogen in die Bewegungsrichtung, bei unbedingt vorausgestellter Vorhand. Haben das Pferd und der Reiter die Übung des Umkehrtwechselns mit anschließender Traversale etwas vertieft, wird die Lektion erweitert und man reitet aus der Mitte mit anschließender Traversale. Ist das Pferd nun geschickt genug geworden, um auf kurzen Strecken die Traversale fließend auszuführen, kann man mit den Verschiebungen von einer langen Seite zur anderen beginnen. Hier empfiehlt sich folgende Übung: Volte - Traversale, wieder Volte, und immer nur ein paar Tritte. Diese Übung kann an der Doppellonge in allen Grundgangarten verlangt und natürlich auch geritten werden, jedoch gilt es hier einiges zu beachten: beim Seitengang im Schritt muss immer bedacht werden, dass der Schritt die schwungloseste Gangart ist und die Seitengänge generell mit mehr Schwung leichter gelingen. Am einfachsten sind alle Seitengänge im Trab, während der Galopp zwar viel Schwung hat, die Versammlung aber oftmals schwieriger zu erreichen ist als im Trab. Viele Pferde stürmen davon, wenn man die Traversale zum ersten Mal im Galopp verlangt, hier muss einige Zeit an der Versammlung im

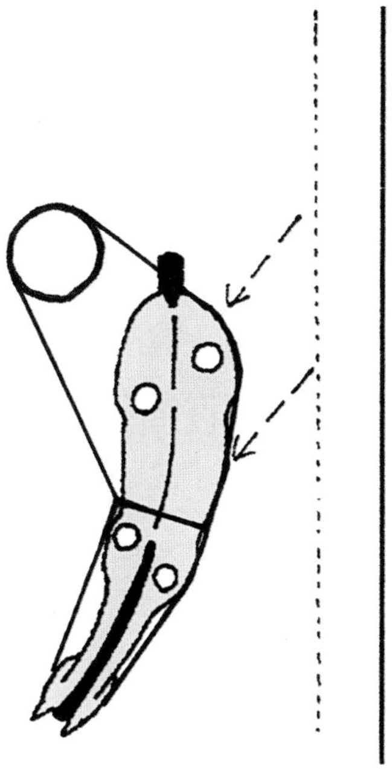

Traversale an der Doppellonge

Trabtraversale links an der Doppellonge

Galopp gearbeitet werden. Übungen wie Trab- oder Schrittparaden aus dem Galopp sowie Haltparaden und daraus Angaloppieren sind hier recht hilfreich. An der Doppellonge ist es ratsam, mit der Erarbeitung der Galopptraversale zu warten, bis das Pferd den versammelten Galopp beherrscht. Eine weitere Variation der Arbeit an der Trabtraversale ist es, die Traversale mit ein paar gerade gerichteten Tritten geradeaus zu unterbrechen und dann mit der Verschiebung fortzufahren. Erweiterung findet diese Übung noch, indem man die Tritte geradeaus verlängert, unter Umständen bis zum Mittel- oder starken Trab. Als weitere Übung kann man die Traversale mit einer Halt- oder Schrittparade unterbrechen, diese Lektion hat wie auch im Schulterherein einen hohen gymnastizierenden Wert und fördert das Antreten und damit unter das Gewicht Treten des Pferdes. Beim Antraben aus der Haltparade sollten aber die ersten paar Tritte geradeaus erfolgen, erst dann geht man wieder zur Traversale über, um Schwungverlust und daraus resultierende Taktfehler zu vermeiden. Auch hier ist auf den äußeren Zügel besonderes Augenmerk zu legen.

Auch folgende Übung verbessert die Traversalen: Man beginnt mit einer Volte in der zweiten Ecke der kurzen Seite. Aus der Ecke mit Beginn der langen Seite führt man eine Traversale bis etwa acht Meter vor die gegenüberliegende Wand aus, an die man wiederum eine halbe Volte anschließt, um eine weitere Traversale anzuschließen. Diese Übung kann man fortsetzen, solange man dies für richtig erachtet. Im Travers wie auch in der Traversale kann der Ausbilder sowohl an der Außenseite als

Traversale links: gute Stellung und Biegung des Pferdes

Traversale rechts. Zu beachten: korrekter Sitz, Blickrichtung des Reiters, Stellung, Biegung und Übertritt des aufmerksamen Pferdes

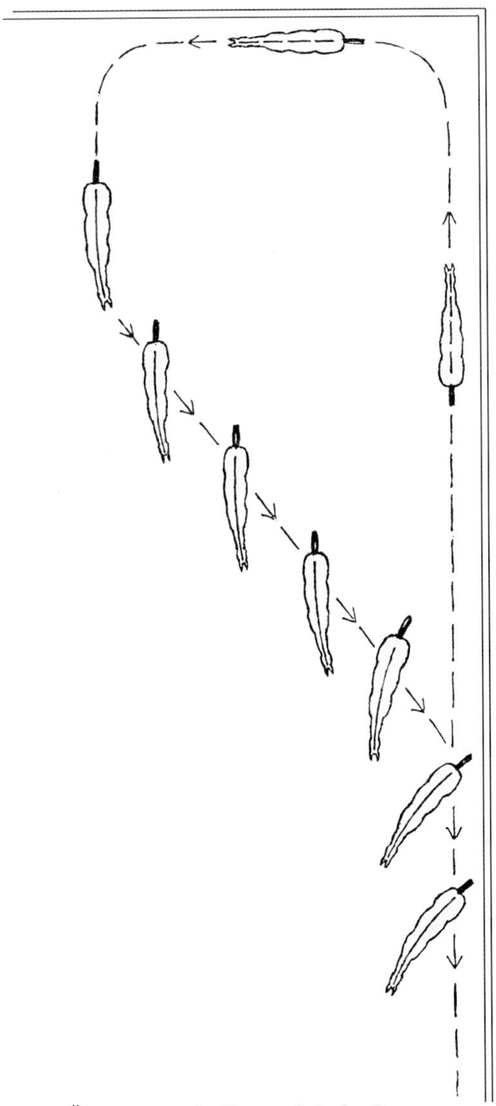

Übergang von der Traversale in den Renvers

auch an der Innenseite seines Pferdes gehen, allerdings muss er sich an der Außenseite näher am Pferd halten und setzt sich dadurch auch wieder der Gefahr der Hinterbeine aus.

Meist ist es also besser, an der Innenseite mit etwas Abstand zum Pferd zu führen, zumal dies auch generell die einfachere Art ist im Travers zu führen. Allerdings empfiehlt sich in diesem Fall die Benutzung einer Bogenpeitsche, um das Pferd auch an der dem Ausbilder abgekehrten Außenseite treiben zu können. Dies erfordert natürlich einiges an Geschick und Übung des Doppellongenführers.

DER GANZE TRAVERS

Beim ganzen Travers handelt es sich um eine Seitwärtsbewegung ohne Vorwärtsbewegung, die nur unter dem Reiter ausgeführt wird und hier nur der Vollständigkeit halber genannt wird. Dieser Seitengang kommt aus der militärischen Schule und diente dazu, in einer Formation aufgestellte Reiter auszurichten, sprich die Position zueinander zu korrigieren. Auch in der Vaquerodressur findet der ganze Travers Verwendung und wird dort sogar in Prüfungen verlangt. Die Vaqueros verwenden den ganzen Travers, um ohne abzusteigen Weidetore öffnen und schließen zu können. Korrekt kann der ganze Travers nur aus dem Halten ausgeführt werden. Das Pferd wird zum Antreten im Schritt aufgefordert. Wenn das Pferd vom Boden abfußt, führt der innere Zügel die Vorhand zur Seite, nach der traversiert werden soll, während der äußere Zügel einem Vowärtsgehen vorbeugt. Der innere Schenkel verhindert währenddessen ein Zurückkriechen des Pferdes und ermöglicht die entsprechende Biegung. Der äußere Schenkel wirkt hinter dem Gurt seitwärts treibend. Man beendet den ganzen Travers wieder mit einer Haltparade.

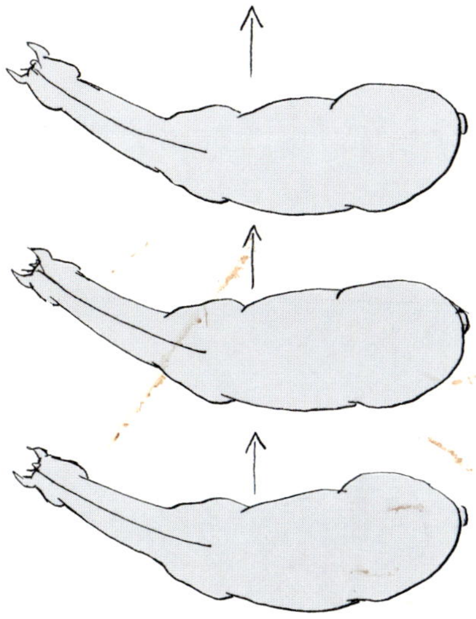

Ganzer Travers

FEHLER IN TRAVERS UND TRAVERSALE UND IHRE KORREKTUR

Vorauseilen der Hinterhand:
Dies ist jener Fehler in der Traversale, welcher aus dem falschen Verständnis des Seitwärtsreitens entsteht. Meist oder fast immer geht dieser Fehler mit einem deutlichen Schwungverlust einher. Ein kurzes Unterbrechen der Traversale durch Geradeausreiten sowie ein deutliches Vorstellen der Pferdeschulter mit dem äußeren Zügel schafft hier Abhilfe. Dieser Fehler entsteht meist unter dem Reiter, selten an der Doppellonge.

Mangelnder Übertritt:
Hier gibt es zwei Fehlerquellen, wobei die eine nicht als Fehler bezeichnet werden kann. Das junge Pferd erreicht häufig aufgrund seines Ausbildungsstandes nur wenig Übertritt, was aber durch korrektes Training mit der Zeit deutlich verbessert werden kann. Die zweite Fehlerquelle ist wieder, wie so oft, ein Schwungverlust. Eine deutlich treibende innere Hilfe und eine leichte Hand schaffen hier Abhilfe.

Abrutschen in der Traversale:
Damit bezeichnet man ein seitwärts Davonlaufen des Pferdes, das heißt das Pferd entzieht sich der Biegung, indem die Seitwärtsbewegung die Vorwärtsbewegung überflügelt. Abhilfe schafft eine deutlichere innere Peitschenhilfe (beim Reiter Schenkelhilfe), die das Pferd vermehrt vorwärts treibt. Oft wird dies zur Korrektur nicht ausreichend sein. Ist das der Fall, wird man wie oben beschrieben die Traversale mit einigen Tritten geradeaus unterbrechen, um anschließend die Verschiebung fortzusetzen oder zurück zur Wand zu traversieren. So wird das Pferd dem inneren Schenkel mehr Aufmerksamkeit schenken, da es nicht weiß, wohin die Traversale fortgesetzt wird.

Fehler und Behinderungen, die durch den Sitz des Reiters entstehen:

- der Reiter sitzt entgegengesetzt zur Bewegungsrichtung

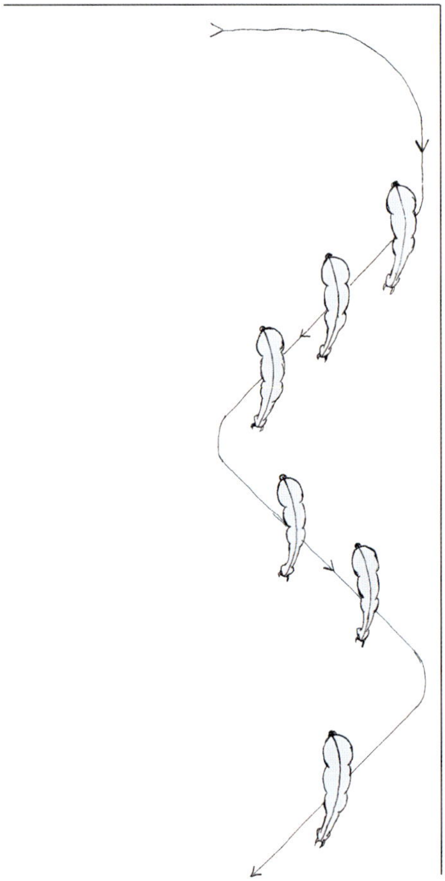

Eine weitere Übung zur Förderung der Geschmeidigkeit bei Stellungs- und Biegungsproblemen: Traversale - Schenkelweichen - Traversale

- der Reiter blickt nicht in Bewegungsrichtung
- Einknicken in der inneren oder äußeren Hüfte des Reiters
- die innere Hand überschreitet die Widerristlinie
- die Schulter ist nicht parallel mit der Pferdeschulter; die Hüfte nicht mit der Pferdehüfte

All die genannten Fehler im Sitz führen zu deutlichen Bewegungshinderungen beim Pferd.

Generell gäbe es zu den Seitengängen noch wesentlich mehr zu sagen, man könnte ein eigenes Buch damit füllen, doch sind auf den vorangegangenen Seiten wohl die wichtigsten Grundsätze gesagt worden.

DAS KANDARENREIFE PFERD

In diese Phase der Ausbildung fällt nun auch das Gewöhnen des Pferdes an die Kandarenzäumung, in der altklassischen Reitkunst spricht man auch von der Stangenzäumung. In unseren Breiten ist mit der Kandare stets die Zäumung auf Kandare mit Unterlegtrense gemeint. Das Pferd hat nun einen leichten bis eher mittleren Grad der Versammlung erreicht. Dadurch ist sichergestellt, dass die Zäumung auf Kandare keine nachteiligen Folgen für das Pferd zeigen kann. Das Pferd wird an die Wirkung und die Führung der Kandare gewöhnt, sollte jedoch nicht ständig auf Kandare geritten, sondern weiterhin hauptsächlich auf Trense gearbeitet werden.

In der Regel reitet man ein bis zwei mal wöchentlich „aufgezäumt“ (ein alter Ausdruck in der Spanischen Reitschule für das Zäumen auf Kandare). Das Pferd darf niemals deshalb auf Kandare gezäumt werden, weil wir es nicht beizäumen können. Jede Kandare, ist sie auch noch so gelinde und sanft, übt eine

Hebelwirkung aus, die abhängig ist vom Verhältnis ihres Oberbaumes zum Unterbaum und auf die Laden des Unterkiefers wirkt. Zusätzlicher Druck wird durch die Kinnkette auf das Kinn des Pferdes ausgeübt. Je schmaler die Kinnkette ist und aus je weniger Gliedern sie besteht, umso schärfer ist ihre Wirkung. So kann man im Gebrauch der Kinnketten variieren, aber auch Leder und Gummiunterlagen unter der Kinnkette benutzen, um ihre Wirkung zu entschärfen.

Um dem Pferd nun das Stangengebiss bekannt zu machen, wird vorwiegend im Arbeitstempo in allen Grundgangarten und auf langen gebogenen und geraden Linien geritten. Das Pferd wird veranlasst sich zu dehnen und zu strecken, die Kandare wird dabei nicht angefasst und das Pferd nur auf Unterlegtrense geritten. Zur Sicherheit wird die Kinnkette entweder weggelassen oder nur sehr locker eingehakt. Nach einigen derart zwanglosen Ritten, die geprägt sind durch eine sanfte, eher passive Hand und schwungvolles Treten des Pferdes, legt man die Kinnkette korrekt an. Die Kandare sollte nun bei angestelltem Zügel mit der Maulspalte einen Winkel von etwa 40 bis 45 Grad einschließen. Erst wenn das Pferd die Wirkung der Kandarenzäumung über weitere zwanglose Ritte angenommen hat, verlangt der Reiter die ersten Lektionen und den dazugehörigen Grad der Versammlung und Aufrichtung.

Der Mensch erfand Unmengen von scharfen und schärfsten Gebissen, seit er sich der Dienste des Pferdes als Reittier bedient. Das zeigt überdeutlich, dass der Mensch ein „Arbeiter mit der Hand“ ist, was in der klassischen Reitkunst jedoch nichts verloren hat. Auch in neuerer Zeit werden nach wie vor wahre Marterinstrumente erfunden, das geht bis zu Fahrradketten in Pferdemäulern. Der Mensch ver-

Zäumung auf portugiesischer S-Kandare

Bei feiner Abstimmung der Hilfen wird die Hand überflüssig: Cartucho unter dem Autor im simulierten Stierkampf

sucht durch Technik das wett zu machen, was ihm aufgrund eigener reiterlicher Unzulänglichkeit und mangelndem Verständnis für das Wesen der Reitkunst fehlt. Das bedeutet jedoch nicht, dass das Reiten auf blanker Kandare zur Marter werden muss. Diese Form letztendlich vollendeter Reitkunst sollte jedoch dem Könner vorbehalten bleiben. Das Reiten auf blanker Kandare einhändig geführt mit in der anderen Hand aufgestellter Gerte zeigt die vollendete Feinheit der Hilfengebung. Die Hand steht still über dem Mähnenkamm und gibt nur geringe Impulse, die für den Außenstehenden unsichtbar sind. Das Pferd wird nur mit dem Sitz und geringgradig mit dem Schenkel geritten. Den höchsten Ausdruck, ein Pferd gleich einem Dirigenten zu führen, finden wir im Stierkampf zu Pferd, wo der Zügel der Kandare im Gürtel des Reiters verknotet ist und das Pferd ausschließlich auf die Gewichtshilfen seines Reiters reagiert. Es ist sehr wichtig, das Pferd nicht zu früh auf Kandare zu zäumen, da sie alle Ausbildungsfehler sofort verstärkt. So finden wir oftmals Fehler im Gang und der Anlehnung des Pferdes, wenn das „Aufzäumen" zu früh geschah und das Pferd nicht die nötige Reife hatte.

Es gibt grundsätzlich drei Arten, die Kandare mit Unterlegtrense zu führen.

- zwei zu zwei: Kandarenzügel unter dem Ringfinger, Trensenzügel unter dem kleinen Finger - wohl die gebräuchlichste Art zu führen.
- drei zu eins: Während der rechte Trensenzügel unter dem linken Ringfinger geführt wird, hält die linke Hand unter dem kleinen Finger die linke Trense, unter dem Ringfinger die linke Kandare und unter dem Mittelfinger die rechte Kandare. Diese Art der Zügelführung stammt aus der Kampfreiterei, da ein Zügel sich leichter zur linken Hand nehmen lässt als zwei und somit die Hand schneller frei ist, die Waffe zu führen. An der Spanischen Reitschule wird traditionsgemäß bis heute so geritten.
- die Fillisführung: Bei dieser nach dem gleichnamigem Reitmeister benannten Zügelführung werden die Kandarenzügel unter den kleinen Fingern und die Trensenzügel über den Zeigefingern geführt.

Die Art der Führung der Kandarenzäumung ist zum Teil eigene Affinität, zum anderen Teil aber auch zweckmäßig, so ist die Führung 2:2 die einfachste, 3:1 führt man, wenn man die Kandare besonders ruhig und gleichmäßig angestellt haben und keine einseitige Kandarenwirkung auf das Pferdemaul erzielen will. Die Fillisführung wiederum hat den Vorteil, Kandare wie auch Trense genau dosiert und getrennt voneinander einsetzen zu können.
Die Kandare wird so gut wie ausschließlich in der Reitarbeit eingesetzt. In der Bodenarbeit wird sie nur ausnahmsweise von einigen Ausbildern der iberischen Halbinsel verwendet, die sich dann auch der verschiedenen, eben beschriebenen Möglichkeiten der Zügelführung bedienen.

Das Fördern der Piaffe an der Doppellonge

DIE PIAFFE

Nachdem die Seitengänge so weit gefördert wurden, dass das Pferd sie ohne Probleme annimmt, können wir auch mit anderen Lektionen, sprich den Gängen der hohen Schule beginnen. Diese sind neben Schultrab (versammelter Trab) und Schulgalopp (versammelter Galopp) die Piaffe und die Passage.
Die Piaffe, der Trab auf der Stelle, zeichnet sich durch vermehrte Hankenbiegung und Aufrichtung aus, die aus der Versammlung resultiert. Der Takt in der Piaffe ist etwas langsamer als der normale Trabtakt unseres Pferdes. Es fußt kräftig federnd in diagonaler Fußfolge und trägt sein Gewicht vermehrt auf der Hinterhand. Das piaffierende Pferd sollte mit Ausnahme der Pilarenarbeit immer eine Hufbreite vorfußen, das heißt eine leichte Vorwärtstendenz zeigen. Aus der Piaffe werden später alle Schulsprünge entwickelt wie Levaden, Kapriolen und andere. Die hohe Aufrichtung in der Piaffe entsteht aus dem vermehrten Untertritt und wird nicht künstlich erzeugt. Diese Lektion hat durch die Förde-

Julepe im Übergang zur Piaffe

rung der vermehrten Tragfähigkeit der Hinterhand einen hohen gymnastizierenden Wert. Es gibt zwei grundlegende Möglichkeiten, die Piaffe zu entwickeln, aus dem Schritt und aus dem Trab. Wann bedient man sich welcher Möglichkeit? Aus dem Schritt werden wir die Piaffearbeit dann beginnen, wenn unser Pferd eher zu Nervosität neigt und stürmisch ist, aus dem Trab hingegen bei eher trägen Pferden. Bei der Piaffearbeit an der Doppellonge benutzen wir zuerst die Bogenpeitsche, mit welcher wir am Schweifansatz touchieren und zwar so viel wie nötig und so wenig wie möglich! Zur ersten Übung gehen wir mit dem Pferd auf dem Hufschlag und wiederholen immer wieder Haltparaden aus dem Trab. Im Laufe der Übung werden die Abstände zwischen den Übergängen sukzessive verringert (auf drei bis vier Trabtritte), bis das Pferd von sich aus verkürzte Trabtritte zeigt, welche bei talentierten Pferden bereits deutliche Ansätze zur Piaffe enthalten. Nimmt das Pferd diese Lektion willig an, beginnen wir mit der nächsten Vorübung. In die Trab-Halt-Übergänge wird das Rückwärtstreten (drei bis vier Tritte) mitaufgenommen und das Pferd aus dem Rückwärtstreten ohne Halt wieder im Trab antreten gelassen. Beide Vorübungen sollten am Anfang am Hufschlag, aber recht bald auch auf freien Linien geübt werden. Bei dieser Lektion sollten die Piaffeansätze schon recht deutlich sichtbar sein. Nun ist der Zeitpunkt gekommen, die Tritte weiter zu verkürzen. Dass alle Übungen auf beiden Händen zur Anwendung kommen, versteht sich von selbst, allerdings wird die bessere Seite etwas bevorzugt und die schlechtere fließt immer wieder ein, ohne dass das Pferd viel Gelegenheit zum Widerstand erhält!

Verlangen Sie auch hier von ihrem Pferd niemals zu viel auf einmal, jeden Tag ein Zentimeter ergibt am Ende des Jahres über drei

Meter! Überfordern Sie ihr Pferd jedoch am Anfang, müssen Sie mit starken Rückschlägen rechnen. Die eigentlichen Piaffeübungen sollten nicht länger als zehn Minuten dauern, denn diese Lektion ist für das Pferd gerade zu Beginn sehr anstrengend. Wenn wir das Pferd in den Vorübungen auch auf freien Linien geschult haben, wird die Piaffe bald auch hier gelingen und zu mehr Ausdruck und freiem Treten beitragen. Allerdings sollte man auf freien Linien zu Beginn weniger Tritte verlangen und deren Anzahl nur langsam steigern. Mit der Piaffe auf freien Linien beginnt man immer in der Nähe der Bande, um dann später die Distanz zu erweitern, so hat das Pferd die Möglichkeit, sich langsam daran zu gewöhnen. Bei besonders empfindlichen und nervösen Pferden bewährt es sich auch, die Piaffe aus dem Schulterherein oder Travers zu entwickeln, dies verlangt aber viel Feingefühl für den Takt des Pferdes. So ist folgende Übung oft sehr hilfreich: Zu Beginn der Lektion Schulterherein an der langen Seite, eventuell aus der Volte entwickelt, und im Schulterherein die Tritte durch halbe Paraden an der äußeren Leine langsam verkürzen. Sollten Sie jene Vorübung mit Trab-Schritt-Übergängen im Schulterherein bereits gemacht haben, ist dies sehr hilfreich und vereinfacht jetzt die Lektion. Wichtig bei allen Piaffeübungen ist, dass der Schwung erhalten bleibt, das heißt dass das Pferd die Vorwärtstendenz nicht verliert. Den Vorwärtsdrang kann man mit Übergängen aus der Piaffe in den Trab nicht nur fördern, sondern auch überprüfen. Tritt das Pferd nicht willig aus der Piaffe an, so mangelt es an Schwung und dem Drang vorwärts zu gehen. Anhand des Beispiels, die Piaffe zu entwickeln, sehen Sie schon, wie eine Übung aus einer anderen profitiert. Nur so ist gymnastizierende Ausbildung möglich und nicht, indem man Kunststückchen andressiert.

Der Friesenhengst Wiebe in ausdrucksvoller Piaffe

Während das Pferd die Tritte verkürzt, kann man nun zusätzlich auch beginnen am Hinterbein mit einer Touchierpeitsche zu touchieren, und zwar immer jenes Bein, das sich am Boden befindet. Die verschiedenen Stellen, an denen man touchieren kann, entnehmen Sie bitte dem Kapitel „Die Arbeit an der Hand nach Wiener Schule“.

Eine weitere Möglichkeit, die Piaffe zu erarbeiten, besteht darin, in der Traversale die

Tritte zu verkürzen: versammelter Trab aus der Ecke - umkehrt wechseln - Traversale zum Hufschlag und dabei langsam die Tritte verkürzen - an der Wand angelangt wieder antraben, damit der Schwung nicht verloren geht, und die Übung aus der nächsten Ecke wiederholen. Möglichst bald wird die Piaffe auch ohne vorangehende Seitengänge und auf freien Linien verlangt. Es kann bis zu einem Jahr, in seltenen Fällen auch länger dauern, bis die Piaffe wirklich ausgereift ist und das Pferd auch unter dem Reiter piaffiert. Versuchen Sie mit so wenig Peitschenhilfe wie möglich auszukommen, dann wird Ihnen später die gerittene Piaffe wesentlich leichter fallen.

Ist das Pferd imstande, einige Piaffetritte mit dem zunächst passiven Reiter auf seinem Rücken zu zeigen, so ist der Zeitpunkt gekommen, diese Lektion auch unter dem Reiter zu fördern. Manche Pferde kann man parallel zur Bodenarbeit auch unter dem Reiter in der Piaffe schulen, andere sind dadurch überfordert. Beobachten Sie gut und beginnen Sie lieber etwas später mit der Piaffe unter dem Reiter als zu früh, denn ein Pferd, das sich Fehler wie eiliges Treten oder Taktfehler in der Piaffe angewöhnt, ist kaum oder nur sehr schwer zu korrigieren. Wie bei allen Dingen ist es besser, den Fehler von vornherein durch überlegtes Handeln zu vermeiden, als ihn später korrigieren zu müssen.

Mehr zum Erarbeiten der Piaffe unter dem Reiter finden Sie im Kapitel „Die Arbeit an der Hand nach Wiener Schule". Ab dem Stadium, an dem das Pferd gut und korrekt an der Doppellonge piaffiert, kann man diese Lektion nach iberischer Art und nach Wiener Schule fördern, mehr davon in den entsprechenden Kapiteln.

FEHLER IN DER PIAFFE UND IHRE KORREKTUR

Alle Piaffefehler sind an der Hand wesentlich besser zu korrigieren als unter dem Reiter.

Schwanken oder Schaukeln in der Piaffe:
Hier muss die Vorwärtsbewegung des Pferdes verstärkt werden. Übergänge von Trab zu Piaffe und Piaffe zum Trab im Moment, in dem das Pferd den Fehler beginnt, sind hier hilfreich, es gibt jedoch Pferde, die sich diese Unart nicht mehr vollständig abgewöhnen lassen. Die Korrektur erfolgt anfangs ausschließlich ohne Reiter, erst wenn eine deutliche Besserung des Fehlers feststellbar ist, wird wieder unter dem Reiter geübt. Zusammenfassend muss man sagen: Wenn die Piaffe von Anfang an korrekt geübt wird und der Vorwärtsdrang dem Pferd in keinem Augenblick genommen wurde, kann es zu diesem Fehler nicht kommen.

Taktfehler in der Piaffe:
Auch dieser Fehler kann nur durch einen deutlicheren Vorwärtsdrang korrigiert werden. Immer dann wenn das Pferd in diesen Fehler verfällt, trabt man es erneut an, um wieder in die Piaffe überzugehen. Meist ist hier das taktmäßige Touchieren der Beine nicht hilfreich, sondern fördert den Fehler noch.

Piaffe mit herausgestellter Hinterhand:
Dieser Fehler entsteht fast nur, wenn man das Pferd zuerst Passage gelehrt hat und daraus die Piaffe entwickelt wurde. Die Piaffe ist

Maestoso Ancona in der Piaffe auf freier Linie

dann nicht mehr als ein rhythmisches Treten auf der Stelle ohne Hankenbiegung. Meist werden die Pferde dabei künstlich aufgerichtet, womit sie auch noch den Rücken wegdrücken. Damit ist die Piaffe nicht nur fehlerhaft, sondern schädlich und eine Korrektur nur sehr schwer möglich. Ich selbst beginne die Piaffeübungen in einem derartigen Fall von vorne, so als ob das Pferd noch nie piaffiert hätte. In manchen Fällen kann man die Piaffe dadurch noch verbessern. Ein Erfolg der Korrektur hängt jedoch davon ab, wie lange der Fehler bereits bestanden hat.

V-förmiges Piaffieren:
Dabei nähert sich das Pferd scheinbar mit der Hinterhand der Vorhand an und es entsteht, oberflächlich betrachtet, der Eindruck von Versammlung. Bei genauerer Betrachtung ist jedoch das Genick nicht mehr der höchste Punkt des Pferdes, es wird vorne zu tief und piaffiert unter Entlastung der Hinterhand auf der Vorhand. Die Vorhand nähert sich der

Hinterhand und nicht umgekehrt wie es korrekt wäre. Dieser Fehler ist relativ häufig zu beobachten, allerdings auch gut korrigierbar. Deutliches Antreten im Arbeitstrab oder sogar leicht verstärkten Trab und wieder Übergang zur Piaffe richten das Pferd auf und erhalten den Schwung und die Aufrichtung in der Piaffe. Bei diesem Fehler ist es ratsam, einige Zeit nicht aus dem Schritt anzupiaffieren, sondern nur aus dem Trab. Immer wenn der Fehler auftritt, wird sofort angetrabt, besser noch kurz bevor der Fehler in Erscheinung tritt.

Übereilte Piaffe:

Dieser Fehler entsteht bei nervösen und überempfindlichen Pferden. Es gibt zwei Möglichkeiten der Korrektur, die jedoch viel Fingerspitzengefühls bedürfen. Die eine Möglichkeit ist, das Pferd an der Doppellonge aus dem Schritt oder Halten ganz langsam und vorsichtig ohne viel zu touchieren anzupiaffieren, und sobald es wieder in den alten Fehler zurückfällt durchzuparieren. Wenn nötig, wird es daraufhin etwas beruhigt, um dann wieder aus dem Schritt oder Halten neu zu beginnen: eine mühselige und geduldraubende Arbeit! Die zweite noch diffizilere Korrektur erfolgt in den Pilaren, worauf in dem entsprechenden Kapitel noch genauer eingegangen wird.

DIE PASSAGE

Aus der korrekten Piaffe kann nun die Passage entwickelt werden. Niemals sollte sie vor der Piaffe verlangt werden, denn das Endergebnis wäre eine schlechte Piaffe und wiederholte passageartige Tritte, mit denen sich das Pferd in anderen Lektionen wehrt. Auch ist es wichtig, die Passage erst zu verlangen, wenn das Pferd in den Seitengängen absolut sicher ist. Auch die Passage ist der Natur abgeschaut! Es handelt sich bei ihr um ein reines Imponierverhalten, das Hengste in der freien Natur zeigen, um Geschlechtgenossen zu beeindrucken, um größer und furchteinflößender zu wirken und so eventuell einen Kampf zu vermeiden oder eine Stute zu betören. Nicht zu verwechseln ist die Passage mit dem Stechtrab, passageartigen Tritten, die Pferde bei Aufregung zeigen. Vor diesem pferdepsychologischen Hintergrund erarbeitet man die Passage sicher nicht durch Zwang, da ihr Ausdruck darunter deutlich leiden würde. Die Passage soll leicht, ja beflügelt und bodenverachtend aussehen und nicht erzwungen und zusammengezogen. Ist die Piaffe erst erreicht, stellt die Passage meist kein großes Problem mehr dar, die meisten Pferde bieten sie dann an. Hat man die Piaffe bereits nach iberischer Art und Wiener Schule gefördert, fällt die Passage meist besonders leicht, und man kehrt zurück an die Doppellonge, da wir hier mehr Möglichkeiten haben den Schwung zu erhalten.

Wir piaffieren an der langen Seite an und lassen das Pferd langsam etwas mehr Raum gewinnen, ohne den Takt, die Versammlung und Aufrichtung zu verändern. Auch hier verlangen wir am Anfang nur ein, zwei, vielleicht drei Tritte und loben bei Erfolg ausgiebig. Wichtig und von ausschlaggebender Bedeutung ist das Zusammenspiel von treibenden Hilfen (Stimme, Bogenpeitsche oder Tou-

Julepe an der Doppellonge: Lehren der Passage

chierpeitsche) und verhaltenden Hilfen (Hand). Die Passage ist, wie aus dem entsprechenden Kapitel über die Gänge bereits hervorgeht, der kadenzierteste Gang, den das Pferd erlernen kann. Ein hohes Maß an Balance und Tragfähigkeit der Hinterhand bei hoher Aufrichtung ist vonnöten und die Voraussetzung, um die Passage korrekt und ausdrucksvoll zu entwickeln. Die zuvor beschriebene Übung wird so lange wiederholt, bis das Pferd die Lektion begriffen hat und sie jederzeit abrufbar ist. Bei Pferden, die eine Anlage zur Passage mitbringen, wird diese Lektion ausreichend sein, um die Passage zu fördern.

Bei weniger veranlagten Pferden greift man zu einem weiteren Hilfsmittel: man touchiert die Vorderbeine. Die genauen Touchierpunkte können Sie wieder dem Kapitel über die Arbeit an der Hand nach Wiener Schule entnehmen. Man verwendet entweder eine normale Touchierpeitsche oder ein Bambusrohr, das bei richtigem Gebrauch keinen Schmerz

Cartucho in ausdrucksvoller Passage

zufügt, aber allein durch die Geräuschentwicklung beim Antippen bereits deutliche Wirkung zeigt. Ist ein Pferd so schwerfällig und unsensibel, um auch auf das Touchieren der Vorderbeine bei ausreichendem Schwung nicht die gewünschte Reaktion zu zeigen, so haben Sie die Passage entweder zu früh begonnen und das Pferd kann diese Leistung noch nicht erbringen, oder es hat absolut keine Anlage dazu, was ja auch vorkommen soll. Ein deutliches Zeichen der Überforderung ist es, wenn das Pferd keinerlei kadenziertere Tritte zeigt oder sogar hektischer in seinen Bewegungen wird. Um die Passage durch Touchieren der Vorderbeine zu entwickeln, benötigen wir einen Gehilfen, der entweder imstande ist, das Pferd vorne zu touchieren, oder der die Doppellonge führt. Beim Touchieren ist der richtige Moment sehr wichtig: es wird in jenem Moment touchiert, in dem das Pferd mit dem Vorderbein bereits abgefußt hat, sich dieses aber noch in der Aufwärtsbewegung befindet. In der Regel ist jedoch das Führen der Doppellonge die schwierigere Aufgabe, denn der Longenführer muss die Versammlung und den Schwung erhalten! Je geübter das Pferd ist, umso mehr Tritte werden möglich.

Parallel zur Handarbeit wird die Passage natürlich später auch unter dem Reiter kultiviert, bis das Pferd sie auch durch Wendungen und Zirkel, ja sogar Volten durchhält. Die besten der Passageure schaffen auch Zick-Zack-Traversalen. Unter dem Reiter ist die Passage natürlich ungleich schwerer für das Pferd und man wird auch hier zunächst nur wenige Tritte verlangen. Entwickelt man die Passage unter dem Reiter, piaffiert man zunächst an, wobei ein Gehilfe eventuell touchiert, und lässt das Pferd, wie bereits an der Doppellonge, langsam an Raum gewinnen. Die Hand des Reiters bleibt stehen und baut etwas Spannung auf. Wird die Spannung zu groß und gibt einem das Pferd zu viel Gewicht in die Hand, wird zum Halten durchpariert oder wieder in die Piaffe übergegangen. Beide Schenkel fassen unter das Pferd, ja man hat sogar das Gefühl, das Pferd mit dem Schenkel anheben zu können. Wird das Pferd unruhig, ist es meist besser anzuhalten, zieht es davon, hält man ebenfalls an, lässt das Pferd ohne mit ihm zu kämpfen rückwärtstreten und passagiert daraus wieder an. Verliert das Pferd jedoch an Spannung und Versammlung, wird man eher wieder in die Piaffe übergehen. Bei allen Möglichkeiten gibt es Ausnahmen, jedoch die Ausnahmen bestätigen bekanntlich die Regel. Die Passagearbeit muss sehr ruhig vonstatten gehen und darf das Pferd nicht aufregen.

Übergang Passage-starker Trab

FEHLER IN DER PASSAGE UND IHRE KORREKTUR

Wie auch in der Piaffe können durch falsches Training oder anlagebedingt Fehler entstehen, die es so weit wie möglich zu verhindern oder zu beheben gilt. Der Erfolg der Korrektur hängt auch hier in nicht unbeträchtlichem Maße von der Dauer ab, die der Fehler besteht!

Schwanken und Schaukeln in der Passage: Dieser Fehler wurde bereits in der Piaffe erwähnt. Meist entsteht der Fehler durch den Sitz des Reiters. Oftmals meint der Reiter, er müsse der Passagebewegung extrem folgen, und verursacht durch die eigene Gewichtsverlagerung die schwankende Bewegung. Hier ist natürlich zuerst die Ursache, also der Sitz zu korrigieren. Die zweite Ursache ist eine zum Zeitpunkt des Erlernens der Passage zu schwache Hinterhand. Die Korrektur dieses Fehlers gestaltet sich nicht einfach und ist meist langwierig. Wie bei sehr vielen Dingen in der Reitkunst muss sie durch Vermehren des Schwunges vorgenommen werden. Die Passage wird weniger versammelt verlangt, dafür mit mehr Vorwärtstendenz. Übergänge aus der Passage in die Trabverstärkung und wieder zurück in die Passage sind hier von großem Nutzen. Eine weitere Korrekturmöglichkeit ist das Schulterherein in der Passage. Diese Lektion erfordert jedoch einen sehr feinfühligen Reiter, denn die seitwärtstreibenden Hilfen dürfen nur vorsichtig eingesetzt werden, um zu verhindern, dass das Pferd wieder in den Trab zurückfällt. Achten Sie im Besonderen auf Ihren Sitz. Sitzen Sie aufrecht und im Gleichgewicht, weder vor noch hinter der Bewegung und ohne fest gehaltene Hand. All das kann das Pferd zum Schwanken bringen und die Passage verliert deutlich an Erhabenheit und Ausdruck.

Taktfehler in der Passage:

Dabei handelt es sich im Prinzip um denselben Fehler wie bereits in der Piaffe beschrieben, man wendet auch dieselbe Problemlösung an. Auch hier korrigiert man durch mehr Vorwärtsbewegung und Übergänge in den Trab. Meist entsteht der Fehler durch Überforderung, daher verlangen Sie bei der Korrektur weniger Tritte und steigern Sie die Anforderungen schrittweise.

Passage mit fest gehaltenem Rücken oder herausgestellter Hinterhand:

Fast immer geht der Fehler einher mit dem Davonstürmen des Pferdes. Auch hier ist meist, aber nicht immer, Überforderung die Ursache. Vielfach trägt auch eine fest gehaltene Reiterhand die Schuld an diesem Fehler. Auch hier gilt: Erkennen Sie die Ursache, beseitigen Sie die Ursache und korrigieren Sie die Auswirkung. Die Korrektur erfolgt hier durch häufige Haltparaden aus der Passage und erneutem Anpassagieren sowohl an der Hand als auch unter dem Reiter. Stellt das Pferd die Hinterhand extrem heraus, so ist ein Rückwärtstreten aus der Haltparade und daraus erneutes Anpassagieren das Korrekturmittel der Wahl. Gerade bei diesem Fehler ist eine leichte, feinfühlig einwirkende Hand unabdingbar. Achten Sie darauf!

Hängen lassen der Vorderbeine:

Manche Pferde, im Speziellen aber oft Sportpferde, lassen in die Passage die Vorderbeine ausdruckslos hängen. Dieser Fehler entsteht durch zu geringe Versammlung. Entweder ist das Pferd, aufgrund seines Körperbaues, nicht zu höherer Versammlung fähig, oder die Versammlung wurde nicht in dem Maße gelehrt, wie sie für die Passage nötig ist. Zur Lösung des Problems kehren wir zuerst zur Piaffe zurück und fördern die Versammlung, um dann erneut die Passage durch Touchieren der Vorderbeine bei gleichzeitigem Nachtouchieren der Hinterhand zu verlangen. Eine höhere und rundere Aktion ergibt sich meist durch Touchieren am Kronrand der Vorderbeine mit dem Bambusstock.

GALOPP UND KONTERGALOPP

GALOPP

Der Galopp an der Doppellonge erfordert vom Longenführer ein hohes Maß an Kondition und vom Pferd einen schon stark verkürzten Galopp, welcher, nachdem unser Pferd piaffieren gelernt hat, kein Problem darstellen dürfte. Um das Pferd an der Doppellonge anzugaloppieren, wird es kurz vor einer Ecke schulterhereinartig etwas abgestellt. Mittels auffordernder Stimmhilfe, Parade an der äuße-

Maestoso Ancona im Galopp geradeaus an der Doppellonge

ren Leine und Peitschenhilfe kurz hinter der Gurtlage an der Innenseite des Pferdes galoppiert man nun an. Nachdem wir einige Zeit die Trab-Galopp-Trab-Übergänge auf dem Zirkel gefördert haben, werden wir diese auch auf geraden Linien verlangen, ebenso wie Volten, Schrittparaden und später Haltparaden. Schritt- und Haltparaden aus dem Galopp werden durch halbe Paraden am äußeren Zügel vorbereitet, die im Takt der Galoppsprünge gegeben werden, und zwar stets im Moment des Auffußens des äußeren Hinterbeines. Zwei, drei Galoppsprünge vor der eigentlichen Parade werden somit die Galoppsprünge verkürzt, so dass das Pferd vermehrt Gewicht auf der Hinterhand aufnimmt, um dann die Parade leicht auszuführen. Nun kommen wir zu den Seitengängen im Galopp und beginnen

mit dem Plié-Galopp, dem Galoppschulterherein. Mit dieser Lektion kann die Versammlung im Galopp noch gesteigert werden. Im Prinzip sind die Hilfen im Galoppschulterherein sowohl an der Hand als auch unter dem Reiter mit jenen im Trabschulterherein identisch. Auch hier treibt man das Pferd im Takt vorwärts-seitwärts. Jedoch kommt dem Außenzügel durch den vermehrten Schwung eine noch größere Bedeutung zu. Fehlt der Außenzügel, wird aus dem Schulterherein ein Davonstürmen des Pferdes mit hereingezogenem Kopf. Daher ist hier besonders auf die äußeren Hilfen zu achten.

KONTERGALOPP

Im Kontergalopp kehren sich die Hilfen des Innengalopps um. Während der innere Schenkel dem Pferd den Kontergalopp leicht hinter den Gurt genommen anzeigt, fördert der äußere am Gurt das lebhafte Unterspringen des Pferdes. Das Pferd ist nach außen gebogen und gestellt, der äußere Zügel führt das Pferd an der Wand entlang, der innere Zügel begrenzt die Außenstellung auf das korrekte Maß und unterstützt den äußeren Zügel. An der Doppellonge verlange ich den Kontergalopp erst nachdem das Pferd den Kontergalopp unter dem Reiter begriffen hat, wobei die Hilfen dieselben sind wie für den Handgalopp, nur eben in umgekehrter Weise.
Um dem Pferd den Kontergalopp verständlich zu machen, gibt es einige praktische Hilfen. Am einfachsten reitet man eine einfache Schlangenlinie und galoppiert an dem Punkt, an welchem man sich am weitesten vom Hufschlag entfernt befindet, außen an. Hierauf führt man das Pferd zurück an die Wand (Hufschlag) und galoppiert durch die erste Ecke. Gelingt dies, wird das Pferd ohne die zweite Ecke zu durchreiten zum Trab durchpariert und gelobt. Man wiederholt noch einmal und verfährt ebenso auf der anderen Hand. Ist das Pferd einigermaßen sicher in dieser Übung, durchreitet man beide Ecken im Kontergalopp. Kommt es zu Schwierigkeiten, den Kontergalopp durch die Ecke zu halten, ist zuallererst darauf zu achten, nicht zu tief in die Ecke zu reiten und erst kurz vor der Ecke anzugaloppieren, denn kurz nach dem Angaloppieren ist die Versammlung in der Regel am besten. Auf einem großen Platz wie zum Beispiel einem Springplatz gibt es eine weitere Möglichkeit, den Kontergalopp zu erarbeiten. Man reitet auf einem übergroßen Zirkel (Durchmesser etwa 30 Meter), führt das Pferd in eine Volte nach außen und galoppiert es hier an, um es nun im Kontergalopp auf den Zirkel zurückzuführen. Wann immer das Pferd beginnt, Probleme zu zeigen den Galopp zu halten, reitet man eine Außenvolte und führt es wieder im Kontergalopp zurück auf den Zirkel.

FEHLER IM KONTERGALOPP UND IHRE BEHEBUNG

Galoppieren auf zwei Hufschlägen ist ein gravierender Fehler, dem man sofort durch das Geraderichten mit beiden Händen entgegenwirken muss. Oft ist der Ursprung des Pro-

blems eine vom Reiter geforderte zu hohe Anfangsversammlung. Mehr Schwung, manchmal sogar ein paar Galoppsprünge verlängern, schafft hier meist Abhilfe.
Ein weiterer Fehler ist es natürlich, wenn das Pferd immer wieder unverlangt den Galopp wechselt. Meist liegt die Ursache darin, dass der Reiter von Anfang an zu viel verlangt. Reduzieren Sie ihre Anforderungen an das Pferd!

DER EINFACHE GALOPPWECHSEL

Bereitet der Kontergalopp im Allgemeinen dem Pferd keine Schwierigkeiten mehr, ist der einfache Galoppwechsel die nächste Übung, die es zu lehren gilt. Unter dem einfachen Galoppwechsel versteht man das zum Schritt Durchparieren des Pferdes und, je nach Geschicklichkeit, nach einigen Tritten das erneute Angaloppieren auf der anderen Hand. Dieser Übergang, dessen flüssige, glatte Ausführung die Vorbedingung für den später folgenden fliegenden Galoppwechsel ist, wird unserem Pferd in diesem Ausbildungsstand keine Schwierigkeiten bereiten. Zuerst lehren wir das Pferd, auf die Hilfe aus dem Schritt anzugaloppieren. Dazu muss der Schritt versammelter, also erhabener und kadenzierter werden. Die Schritte werden kürzer, das Pferd erreicht nicht mehr das Trittsiegel der Vorhand. Wichtig dabei ist, auf die Reinheit des Schritttaktes zu achten, wie überhaupt die Reinheit der Gänge eine der obersten Direktiven ist! Man versammelt das Pferd im Schritt nur einige Tritte, werden die Schritttritte unrein, also übereilt oder gar passähnlich, wird sofort zum Mittelschritt übergegangen. Um den Schritt rein zu erhalten und das Pferd

Erhabener, dynamischer Galopp an der Doppellonge

Barocke Darstellung des Galopps nach einem Stich Ridingers

trotzdem gut zum Angaloppieren vorbereiten zu können, empfiehlt es sich den versammelten Schritt im Schulterherein zu üben, um dann aus dem Schrittschulterherein die einleitende Galopphilfe zu geben. Hat das Pferd erst gelernt, auf die Galopphilfe prompt und korrekt aus dem Schritt anzugaloppieren, beginnen wir mit der Schrittparade aus dem Galopp.

Hierzu müssen wir das Pferd ein oder zwei Galoppsprünge vor der Schrittparade verkürzen und höher versammeln. Am Anfang wird das am besten aus dem Verkleinern des Zirkels möglich sein. Man beginnt das Pferd nur einige Galoppsprünge zu verkürzen, was an der Doppellonge auf verkleinertem Zirkel keinerlei Probleme aufwerfen sollte, und lässt es ohne Schrittparade wieder vorwärts galoppieren. Man wiederholt auf beiden Händen, bis das Pferd leicht verkürzt und sich versammelt. Auch unter dem Reiter wird diese Übung wiederholt. Wichtig sind sowohl an der Doppellonge wie auch unter dem Reiter die vortreibenden Hilfen, die immer überwiegen müssen. Unter dem Reiter also der innere Schenkel, an der Doppellonge die etwas hinter dem Pferd angehobene Peitsche. Der äußere Zügel oder die äußere Leine an der Doppellonge kontrolliert dabei das Tempo ohne zu klemmen. Nun versucht man das Pferd aus zwei verkürzten Galoppsprüngen durch ein, zwei halbe Paraden am äußeren Zügel zum Schritt durchzuparieren. Unter dem Reiter wird die Parade durch tiefes Ausatmen des Reiters günstig durch den Sitz beeinflusst.
Ist die Schrittparade gelungen, folgt eine Schrittreprise im Mittelschritt von mindestens sechs Tritten. Auch hier ist höchstes Augenmerk auf einen raumgreifenden und völlig reinen Schritt zu legen. Gelingt die Schrittparade auf beiden Händen ohne Stocken, galoppiert man nach einigen Metern im Schritt erneut an. Macht auch das keine Probleme, verlangen wir erstmals den einfachen Galoppwechsel, jedoch noch mit einer Unterbrechung

von sieben Schritttritten oder mehr, die auch wiederum deutliche Schrittfußfolge zeigen sollten. Zwischen der Schrittparade und dem erneuten Angaloppieren auf dem anderen Fuß liegt immer eine ungerade Anzahl an Schritttritten, da das Pferd sonst einen kurzen Zwischentritt machen muss um korrekt anzugaloppieren, also zählen Sie mit! Noch immer werden die einfachen Galoppwechsel aus dem verkleinerten Zirkel geritten, während wir an der Doppellonge nur Schrittparaden aus dem Galopp üben.

Eine gute Möglichkeit, ein Pferd zum Schritt zu parieren, ist es, die Schrittparade etwa zwei bis drei Galoppsprünge nach dem Angaloppieren aus dem Schritt zu verlangen. Hier bringt das Pferd die Versammlung, die zur korrekten Schrittparade nötig, ist aus dem Angaloppieren mit. Mehrere Reprisen dieser Übung machen dem Pferd die Schrittparade deutlicher verständlich. Später verlangt man die einfachen Galoppwechsel auch auf der geraden Linie, was natürlich ungleich schwerer ist.

Deutlich verkürzter Galopp vor der Schrittparade

FEHLER IM EINFACHEN GALOPPWECHSEL UND IHRE BEHEBUNG

Das Pferd fällt bei der Schrittparade auf die Vorhand:

Die Lektion wurde nicht genügend vorbereitet. Das Pferd muss vor der Parade deutlicher versammelt, das heißt ein bis zwei Galoppsprünge verkürzt werden. Zur Korrektur verdeutlichen Sie die Phase des Verkürzens und verlangen Sie einen verkürzten Galoppsprung mehr. Kehren Sie notfalls zu einer der beschriebenen Vorübungen wie Verkleinern des Zirkels zurück. An der Doppellonge verlangen Sie die Parade aus einem höheren Tempo, verkürzen Sie danach deutlich und versuchen Sie den Schwung aus dem Galopp in den Schritt mitzunehmen.

Die Schritttritte sind eilig oder das Pferd zeigt eine unreine Fußfolge:

Dieser Fehler kommt meist nur bei eher temperamentvollen Pferden vor, jedoch liegt die Ursache fast immer in der zu festen Hand des Reiters oder Longeführers. Eilige Schritttritte werden durch zwei Möglichkeiten korrigiert:

- Sie können mehr Schritttritte verlangen, bis das Pferd einen ruhigen Schritt geht, und dann erst auf der anderen Hand angaloppieren.
- Man verlangt nach der Schrittparade eine Haltparade, lässt das Pferd einige Tritte rückwärts treten und geht erneut im Schritt an. Das wird so lange wiederholt, bis das Pferd einen ruhigen Schritt geht.

Bei unreiner Fußfolge oder gar Passgang ist immer die Hand des Reiters schuld. Natürlich gibt es Pferde, die zum Passgang neigen. Wird in der Ausbildung jedoch immer darauf geachtet, kann man den fehlerhaften Gang sehr wohl bei fast allen Pferden vermeiden. Kommt es also nach der Schrittparade zu einer solchen unreinen Fußfolge, ist mit der Hand sofort nachzugeben und das Pferd in einen raumgreifenden Schritt zu entlassen. Auch hier wird nicht angaloppiert, bevor das Pferd eine reine Fußfolge zeigt. Lässt sich der Fehler durch Nachgeben nicht korrigieren, so ist die Ursache in der vorangegangenen Ausbildung zu suchen. Die Korrektur eines solchen Fehlers ist meist langwierig und führt an die Basis der Ausbildung zurück. Zur Fehlerbehebung können Sie nach der Parade ins Schrittschulterherein übergehen. Arbeiten Sie an der Basis, achten Sie darauf, dass Ihr Pferd durchlässig, entspannt und gelassen bleibt. Verlangen Sie keinen versammelten Schritt im Training! Auf Phasen der Spannung müssen immer Phasen der Entspannung folgen!

Stockungen im Übergang zum Schritt:

Kommt es zu Stockungen, also Unterbrechungen des Bewegungsflusses, ist auch hier meist eine festgezogene Reiterhand oder ein vorfallender Oberkörper des Reiters schuld, oder die treibenden Hilfen sind zu wenig am Pferd. Die Reiterhand sollte gelöst, ohne fest zu werden, stehen bleiben und in der Parade leicht nachgeben, der Schenkel bleibt am Pferd angelegt, um nötigenfalls etwas nachtreiben zu können, und der Oberkörper bleibt senkrecht. An der Doppellonge muss die Hand ebenso nachgiebiger sein und die treibende Hilfe vorherrschen. Meist geht der Fehler mit dem Fallen des Pferdes auf die Vorhand einher.

Die Schrittparade ist auslaufend:

Von einer auslaufenden Parade spricht man, wenn das Pferd sich nicht genügend setzt und die Parade undeutlich und verwaschen wirkt. Die Korrekturmöglichkeiten sind die gleichen wie bei einer „Parade auf der Vorhand". Das Pferd wird besser vorbereitet, man verlangt einen verkürzten Galoppsprung mehr vor der Schrittparade oder kehrt notfalls zurück zu den Vorübungen wie dem Verkleinern des Zirkels.

Das Pferd galoppiert nicht oder zu spät auf die Hilfe wieder an:

Hier ist ebenfalls eine deutlichere Vorbereitung notwendig. Das Pferd wird auf die Galopphilfe deutlich aufmerksam gemacht. Dies geschieht sowohl unter dem Reiter als auch an der Doppellonge. Nützt das nichts oder nur ungenügend, verlangt man einige Tritte Rückwärtstreten, um dann erneut die Galopphilfe zu geben.

DIE GALOPPPIROUETTE

Galopppirouetten sind die kleinsten Wendungen im Galopp, ihre korrekte Ausführung ist in hohem Maße von einem korrekten schwungvollen Galopp abhängig. Es gibt halbe (180 Grad), drei viertel (270 Grad) oder ganze (360 Grad) Pirouetten. Bei hoch veranlagten Pferden sind auch doppelte Pirouetten möglich. Die halbe Pirouette besteht aus drei bis vier Galoppsprüngen, die drei viertel Pirouette aus vier bis sechs und die ganze Pirouette aus sechs bis acht Galoppsprüngen. Neben der hier als klassisch beschriebenen Pirouette gibt es noch die schnelleren Pirouetten der iberischen Stierhirten, die so genannten Vaqueropirouetten, in denen sich die Anzahl der Sprünge halbiert.

Die Pirouette besteht aus gleichmäßigen, rhythmischen Galoppsprüngen um die Hinterhand, bei denen das innere Hinterbein den Mittelpunkt bildet. Pirouetten können aus dem Renvers, der Traversale und vom einfachen Hufschlag aus geritten werden, Ziel sollte jedoch die Pirouette vom einfachen Hufschlag aus bleiben, da sie der altklassischen Auffassung entspricht. Die Entwicklung der Lektion aus dem Renvers ist die beste Lehrmethode, aus der Traversalverschiebung hingegen wird die Aufmerksamkeit des Pferdes auf die Hilfen gefördert. Egal wie wir die Pirouette beginnen, sie

Maestoso Ancona in der Galopppirouette rechts

muss nach klassischer Auffassung ebenso beendet werden: also von der Traversale in die Traversale, aus dem Renvers in den Renvers, vom einfachen Hufschlag zum einfachen Hufschlag! Zunächst zur Ausführung der Pirouette unter dem Reiter: hier führt der innere Zügel das Pferd in die Wendung, während der innere Schenkel am Gurt vermehrt treibt, um den Schwung und den Galoppsprung zu erhalten sowie Hereinfallen oder Herumwerfen zu verhindern. Der äußere Schenkel, leicht hinter den Gurt genommen, unterstützt durch den

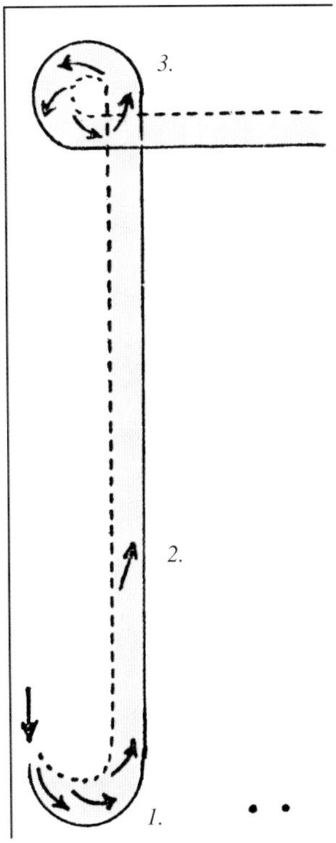

1. Passade 2. Renvers 3. Pirouette in die Ecke

äußeren Zügel, verhindert, dass die Hinterhand der Vorhand in der Art einer Volte folgt. Das Gewicht des Reiters ruht vermehrt auf dem inneren Sitzknochen, wobei auf eine aufrechte Sitzposition zu achten ist. Der oft beobachtete Fehler des Einknickens in der inneren Hüfte ist unbedingt zu vermeiden, da sich daraus eine störende Einwirkung des Reiters auf das Pferd ergibt. Die Pirouette erfordert ein gesetztes Pferd, dessen Nachhand genügend unterspringt, was nur bei einer leichten Anlehnung möglich ist. Ob halbe, drei viertel oder ganze Pirouetten - die Hilfen sind immer dieselben, nur die Anzahl der Galoppspünge variiert. Um die Pirouette zu beenden, wird der Reiter den äußeren Zügel deutlicher anstellen und gleichzeitig mit dem inneren Schenkel deutlicher vorwärts treiben, während er beide Sitzknochen gleichermaßen belastet und die Hüfte nach vorne abkippt, um die Kreuzeinwirkung zu verdeutlichen. Der innere Zügel gibt so viel nach, dass das Pferd die Möglichkeit hat, dem inneren Schenkel nachzukommen. Weder vor noch während oder nach der Pirouette verändert sich der Galopprhythmus. Der Reiter muss fähig sein, die Wendung jederzeit nach seinem Willen zu beenden!

Die Pirouette kann an der Doppellonge nicht gelehrt werden, sie kann jedoch, nachdem sie unter dem Reiter erarbeitet wurde, vertieft werden. Hat also das Pferd die Pirouette unter dem Reiter in ihren Grundzügen begriffen, beginne ich die Lektion an der Doppellonge zu fordern. Wieder leitet die innere Leine den Vorgang der Wendung ein, die äußere Leine hält gegen und der Ausbilder bewegt sich in die Bewegungsrichtung der Pirouette ähnlich wie bei der Einleitung zur Traversale. Die äußere Leine rahmt, um die Kruppe geführt, das Pferd ein und vermeidet ein Ausbrechen der Hinterhand. Gleichzeitig treibt der Ausbilder mit der Bogenpeitsche von außen an der Hinterhand leicht seitwärts nach. Es ist wichtig, nicht an der inneren Leine hängen zu bleiben, da dies den Bewegungsfluss behindert und zu Stockungen im Bewegungsablauf führt. Man kann auch mit der langen Touchierpeitsche arbeiten, was den Vorteil hat, ein einzelnes Hinterbein nachtouchieren zu können. Lassen Sie dabei aber Vorsicht walten und veranlassen Sie Ihr Pferd nicht zum beidbeinigen Springen. Der reine Galopptakt darf nicht verändert werden.

Da eine Entwicklung der Galopppirouette, wie gesagt, nur unter dem Reiter gelingen kann, möchte ich hier die wichtigsten Übungen zur Erarbeitung derselben darstellen. An der Spanischen Reitschule wird die Pirouette in erster Linie aus dem Renvers entwickelt. Der Renvers bietet sich deshalb besonders an, weil das Pferd im korrekten Renvers ideal gestellt und gebogen und darüber hinaus auch versammelt ist. Die Übung Galopp - Passade - Renvers und Pirouette ist eine klassische Übung der Spanischen Reitschule Wien. Zunächst galoppiert das Pferd im Handgalopp an der langen Seite. Etwa in der halben Höhe der Bahn leitet man nun eine Passade im Galopp ein, die etwa fünf Meter vor der Bande beendet wird und in den Renvers übergeht. Kurz vor der nächsten Ecke leitet der Reiter eine drei viertel Pirouette ein, um danach wieder in den Renvers überzugehen. In der nächsten Ecke folgt wieder eine drei viertel Pirouette. Wird die Lektion vom Pferd annähernd verstanden und ausgeführt, folgt eine kurze Schritt- oder Trabreprise, um danach die Lektion zu wiederholen. So verfährt man naturgemäß auf beiden Händen.

Sind dem Pferd die drei viertel Pirouetten noch zu viel, werden nur halbe Pirouetten geritten. Hierzu eine weitere Übungsabfolge: Wir reiten im Kontergalopp auf dem Zirkel. An der offenen Seite des Zirkels reitet man nun eine halbe Pirouette nach außen, um diese auf dem Zirkel im Handgalopp

Gespannte Aufmerksamkeit bei der Doppellongearbeit

zu beenden. Diese Übung wird wieder auf beiden Seiten mehrmals wiederholt. Der Vorteil dieser Übung liegt auf der Hand: Das Pferd lernt die Pirouetten gerade einzuleiten und auch wieder zu beenden, während aus dem Renvers geritten viele Pferde dazu neigen, vor der Pirouette immer schief zu werden. Der Nachteil auf dem Zirkel hingegen ist, dass der Reiter die Nachhand nicht so unter Kontrolle hat wie im Renvers. Eine weitere Möglichkeit der Entwicklung der Galopppirouette ist das Verkleinern des Zirkels, wobei die Kruppe zum Travers etwas herein genommen wird. Abschluss bilden ein paar Pirouettensprünge im Zentrum des Zirkels. Einleitung und Vorübung stellen Volten dar, die auf dem Zirkel geritten werden. Die Volten werden zunächst im Handgalopp nach innen verlangt, später im Kontergalopp nach außen. Durch Verstärkung der äußeren Hilfen gelangt man zunächst zu einer Galopppassade und dann zur genannten halben Pirouette nach außen. Nach dieser halben Galopppirouette nach außen empfiehlt es sich, die Galoppsprünge etwas zu verlängern, um Sprungkraft und Schwung wieder herzustellen. Später kann nun mit den ganzen Pirouetten begonnen werden. Dazu wird zur Erleichterung im Renversgalopp auf dem Zirkel geritten. Damit das Pferd die Hilfe des Reiters abwartet, werden abwechselnd Volten und Pirouetten geritten, so dass das Pferd nicht schon im Voraus weiß was kommt. Um ein Hereinfallen der Schulter zu verhindern, kommt auch der Plié-Galopp (Galoppschulterherein) zur Anwendung, aus dem die Pirouette eingeleitet werden kann. Schließlich verlangt man die Pirouetten auf geraden Linien und hat damit das altklassische Ziel erreicht.

FEHLER IN DER GALOPPPIROUETTE UND IHRE KORREKTUR

Die Galopppirouette erfordert gleichermaßen Gleichgewicht, Schwung, Geschicklichkeit und vor allem Durchlässigkeit des Pferdes und zählt damit zu den wohl schwierigsten Lektionen der Reitkunst. Das Auftreten von Fehlern ist daher dementsprechend häufig. Ist nur einer der grundlegenden Faktoren nicht vorhanden oder beeinträchtigt, so misslingt die Lektion fast immer. Aufgrund dieser vielfältigen Faktoren und Fehlerquellen gewinnt man auch einen tiefen Einblick in den Ausbildungsstand und die erreichte Rittigkeit des Pferdes, somit ist die Pirouette auch ein Barometer für die Qualität unserer Ausbildung.

Das Hereinfallen der Schulter oder Herumwerfen:

Dieser Fehler wurde bereits in den Übungen beschrieben. Wichtig ist, dass das Pferd die Hilfe abwartet und dem inneren Schenkel genügend Beachtung schenkt, daher wechseln wir wie bereits beschrieben zwischen Volten und Pirouette. Darüberhinaus wird die Pirouette aus dem Schulterherein verlangt. Aber auch die Einleitung aus dem Schritt ist eine willkommene Abhilfe. Hier leitet man zunächst eine Schrittpirouette ein, um das Pferd aus dieser heraus anzugaloppieren. Dies eignet sich besonders bei temperamentvollen Pferden.

Überwenden:

Unter Überwenden versteht man das Problem des Reiters, die Pirouette an einem von ihm bestimmten Punkt zu beenden. Hier unterbricht man die Pirouette durch Halt- oder Schrittparaden. In beiden Fällen geht man im Schritt geradeaus an und wiederholt aus dem Schritt wieder die Galopppirouette. Die zweite Möglichkeit besteht darin, die Lektion aus der Galopptraversale zu reiten und mit einer Galopptraversale zu beenden.

Ausfallen der Kruppe zu Beginn der Pirouette:
Bei diesem Fehler wird die Pirouette eher zur Volte. Wie beim Hereinfallen der Schulter entzieht sich das Pferd auch hier den Hilfen des Reiters und versucht der Versammlung zu entfliehen. Diesem Fehler rückt man zuleibe, indem man die Pirouette wie beschrieben aus dem Renvers entwickelt und somit korrigiert. Durch den Renvers erhält man wie bereits erwähnt mehr Kontrolle über die Kruppe des Pferdes.

Absterben in der Pirouette:
Das Pferd wendet zwar auf der Stelle, hört aber zu galoppieren auf - es stirbt ab. Dieser Fehlerquelle wirkt man durch Vergrößern der Pirouetten entgegen. Im Idealfall springt das Pferd die Pirouette fast auf einer Stelle in der Größe eines Tellers. Zur Korrektur des Fehlers jedoch vergrößert man die Pirouette und verlangt keine ganzen, sondern mehrere halbe Pirouetten, um erst am Ende wieder eine ganze Pirouette in korrekter Größe zu reiten.

Rückwärtsspringen in der Pirouette:
Die Einwirkung der Reiterhand ist zu stark. Meist schafft ein Lösen der Hand schon die erhoffte Abhilfe. Sollte das nicht der Fall sein, so handelt man wie beim „Absterben"des Pferde in der Pirouette. Geht die Rückwärtstendenz mit einem Herumwerfen des Pferdes einher, so verfährt man wie in entsprechendem Punkt beschrieben. Wichtig ist, wie auch bei den anderen Fehlerquellen, dass der Schwung nicht verloren geht und das Pferd die Tendenz, aus jeder Situation vorwärts zu gehen, behält!

Die Galopppirouette ist das Barometer der Rittigkeit.

DAS TERRE À TERRE

Ist das Pferd fähig, Haltparaden aus dem Galopp auszuführen, kommen wir zu einem weiteren Gang der hohen Schule, welcher im Turniersport in Vergessenheit geraten ist, dem Galopp am Stand, auch Redopp oder Terre à terre genannt. Das Terre à terre hat ebenfalls gymnastizierenden Wert, aber auch einen

Aus einem dynamischen Galopp entsteht ein gutes Terre à terre.

praktischen Sinn. Wie auch aus der Piaffe die Levade und Kapriole erarbeitet werden, werden aus dem Terre à terre andere Schulen über der Erde entwickelt, so zum Beispiel die Courbette und der Mézair. Gleich wie auch die Piaffe wird das Terre à terre durch langsames Verkürzen des Gangmaßes erreicht. Der Galopp wird vorsichtig, ohne dem Pferd den Schwung zu nehmen, verkürzt und die Sprünge werden erhabener mit weniger Raumgewinn. Auch hier verlangen wir zunächst nur wenig, ein paar verkürzte Galoppsprünge reichen aus. Im Laufe der Zeit verlangen wir zunehmend stärkere Verkürzung der Galoppsprünge, bis das Pferd am Stand galoppiert. Es ist wichtig, das Pferd nach einer Phase des Verkürzens wieder durch Schwungentfaltung zu entspannen - in diesem Fall lasse ich das Pferd in einem weiten Kreis vorwärtsgaloppieren. Zur gleichen Zeit entwickle ich wieder dieselbe Lektion unter dem Reiter. Hierbei ist der Sitz des Reiters sehr wichtig, man sollte immer das Gefühl haben, das Pferd vor sich zu haben, das heißt die vortreibenden Hilfen überwiegen immer vor der verhaltenden Hand!

FLIEGENDE GALOPPWECHSEL

Unter fliegenden Galoppwechseln versteht man das Wechseln des Galopps in der Schwebephase ohne Unterbrechung durch Halt-, Trab- oder Schrittparade. Die alten Meister forderten, mit den Galoppwechseln erst zu beginnen, wenn das Pferd genügend gekräftigt ist und über die nötige Durchlässigkeit verfügt! Diese Forderung ist durchaus berechtigt, da der Wechsel in der Schwebephase erfolgt, wozu das Pferd sich genügend vom Boden abstoßen muss, was allerdings nur bei gekräftigter Hinterhand möglich ist. Wichtig ist überdies, dass sich das Pferd im absoluten Gleichgewicht befindet. Im Hinblick darauf kann man folgende Grundforderung formulieren:

Das Changement ist erst dann zu verlangen, wenn das Pferd fähig ist, sich mit lebhaften gleichmäßigen Galoppsprüngen vorwärts zu bewegen.

Um den fliegenden Galoppwechsel zu lehren, ist eine gründliche Vorbereitung notwendig. Diese kann ebenso unter dem Reiter wie an der Doppellonge durchgeführt werden, den Sprungwechsel selbst an der Doppellonge zu lehren rate ich ab, denn dies erfordert wahre Meisterschaft im Führen und Ausbilden an der Doppellonge. Es ist daher zielführender, den Sprungwechsel nach guter Vorbereitung vom Boden aus vorerst nur unter dem Reiter zu verlangen. Ist der Sprungwechsel genügend gefestigt, kann man ihn auch an der Doppellonge oder wie später beschrieben am langen Zügel ausführen lassen.

Sehr wichtig beim fliegenden Wechsel ist, dass das Pferd von Anfang an „durchspringt". Da man dies aber nur in den seltensten Fällen erfühlen kann, sollte ein erfahrener Reiter unsere Arbeit beobachten, um zu sehen, ob das Pferd korrekt wechselt oder auf zwei Phasen springt! Unter dem fehlerhaften Galoppwechsel auf zwei Phasen versteht man ein Wechseln des Galopps zuerst mit der Vorhand und beim nächsten Galoppsprung mit der Hinterhand. Umgekehrt gesprungen, also zuerst mit der Hinterhand und danach mit der Vorhand, ist die Übung weniger fehlerhaft, denn in kurzer Zeit ist das Pferd geschickt genug um korrekt zu wechseln. Wir haben jetzt ein Pferd, welches der Seitengänge und der Piaffe sowie des Terre à terre mächtig ist

Den Sprungwechsel verlangt man erst, wenn das Pferd zu erhabenen Galoppsprüngen fähig ist.

und eventuell auch bereits die Galopppirouette beherrscht. Ein solches Pferd dürfte für fliegende Galoppwechsel im Allgemeinen gut vorbereitet sein, so dass man zu den speziellen Vorbereitungen kommen kann. Die spezielle

Sehr wichtig beim fliegenden Wechsel ist das korrekte Durchspringen von Anfang an.

Vorbereitung besteht darin, das Pferd auf die neue Galopphilfe zu sensibilisieren. Die Hilfen zum fliegenden Galoppwechsel sind dieselben wie beim einfachen Galoppwechsel, nur werden sie nicht mehr durch eine Parade zum Trab unterbrochen. Nur auf die Schenkel- und Zügelhilfen, unterstützt von der entsprechenden Gewichtverlagerung, die aber niemals sichtbar werden darf, soll das Pferd mit Umspringen reagieren. Oft sind Verrenkungen aller Art beim Sprungwechsel zu sehen; dies ist nicht nur nutzlos, sondern wirkt auch hinderlich auf das Pferd. Mit aller Ruhe und mit den korrekten Hilfen von Anfang an wird der Sprungwechsel gelehrt, denn nur so kommt es zu keinem irreparablen Fehler oder zu Problemen, die langer Korrekturen bedürfen.

Folgende Vorübungen an der Doppellonge sind für das Lehren der fliegenden Galoppwechsel bestens geeignet: Versammelter Galopp auf der Handseite - Trabparade - versammelter Galopp auf der Konterseite - Trabparade und wieder Handgalopp und so fort. Die Abstände zwischen Links- und Rechtsgalopp werden nun langsam immer kürzer, bis das Pferd kaum noch Trabtritte zeigt. Sind wir so weit gekommen, beginnen wir die Trabtritte durch Schritttritte zu ersetzen, also Linksgalopp - Schrittparade - Rechtsgalopp - Schrittparade. Auch hier verkürzen wir die Abstände, und zwar so lange, bis das Pferd vom Links- in den Rechtsgalopp und umgekehrt umsteigt. Wir haben jetzt bereits einen Galoppwechsel, diesen jedoch noch ohne Schwebephase. Parallel dazu üben wir dieselben Lektionsfolgen unter dem Reiter. Sie werden bemerken, dass Ihr Pferd plötzlich von selbst umspringt. Ausgiebiges Lob und Beenden der Lektion sollte die Folge sein. Nach meinen Erfahrungen ist es besser, das Pferd den Sprungwechsel zunächst in die eine Richtung zu lehren, dann erst auf die andere und später beide Seiten zu vereinen.

Es gibt noch sehr viele Übungen, um den Sprungwechsel an sich zu fördern. Einige davon sollen hier kurz beschrieben werden: Im Handgalopp angaloppieren - aus der Ecke umkehrt wechseln - Galopptraversale zurück an den Hufschlag und am Hufschlag fliegender Galoppwechsel. Oder Kontergaloppren-vers an der langen Seite und aus dem Renvers Sprungwechsel in den Handgalopp. Eine weitere Übung stellt der fliegende Galoppwechsel aus dem Plié-Galopp dar. Wie bereits beschrieben, ist dies das Schulterherein im Galopp. Der Sprungwechsel aus dem Seitengang hat den Vorteil, die Versammlung der Hinterhand weitestgehend unter Kontrolle zu haben. Lehrt man die Sprungwechsel aus Seitengängen, muss dennoch immer der Sprungwechsel auf der geraden Linie das Ziel bleiben. Das heißt man muss rechtzeitig dafür Sorge tragen, dass das Pferd auch auf der geraden Linie korrekt wechselt. Eine Möglichkeit ist, das Pferd kurz vor dem Sprungwechsel aus dem Seitengang gerade zu stellen und dann den Sprungwechsel zu verlangen, dies stellt eine gute Übergangsphase dar. Eine weitere Variante ist der fliegende Galoppwechsel aus der Haltparade entwickelt, was sich besonders bei nervösen, eher ängstlichen und zu Überreaktionen neigenden Pferden anbietet. Hierbei setzt man zwischen den Links- und Rechtsgalopp eine Haltparade, die später so kurz ist, dass das Pferd den Galopp durch Umsteigen wechselt. Ist der Reiter nun geschickt genug, wird das Pferd bei genügend vortreibender Hilfe bald auch umspringen. Auch aus der Galoppverstärkung lassen sich gute Sprungwechsel entwickeln, indem man zuerst die Galoppsprünge auf der Diagonalen verlängert und während des Aufnehmens zu versammeltem Galopp den Sprungwechsel fordert. Der Vorteil liegt auf der Hand, denn der Sprungwechsel wird bei dieser Übung immer schwungvoll und nach vorne aufwärts ausgeführt werden.

Der Sprungwechsel kann gut aus der Galopptraversale entwickelt werden.

Nicht jede Übung ist jedoch für jedes Pferd gleichermaßen geeignet. So kann es passieren, dass eine Übung heute Früchte trägt, morgen hingegen nutzlos ist und durch eine andere ersetzt werden muss. Was jedoch nicht bedeutet, dass die alte Übung übermorgen nicht doch wieder erfolgreich ist. Der denkende Reiter ist überall in der Ausbildung gefordert, besonders jedoch beim fliegenden Galoppwechsel. Stupides Reiten nach Vorschrift, ohne sich Gedanken über die zu lehrende Lektion zu machen, bildet ebenso stupide Pferde heran. Es versteht sich von selbst, dass der Reiter bei Erfolg der Übung sein Pferd sofort lobt! Strafen haben beim Sprungwechsel zu unterbleiben, denn gerade bei dieser Lektion macht die Übung den Meister. Auch wenn das Pferd den fliegenden Galoppwechsel von selbst, ohne aufgefordert zu werden, anbietet, darf nicht gestraft werden. Durch wiederholten Wechsel des Ortes, an dem man die Übung verlangt, bringt man das Pferd dazu abzuwarten. Es gibt noch viele Übungen, aus denen Sprungwechsel entwickelt werden können, hier ist auch eigene Kreativität gefragt! Das Lehren von Serienwechseln jedoch, also Sprungwechsel auf vier, drei, zwei und ein Tempi, sollte dem erfahrenen Profi überlassen werden. Die wenigsten Reiter haben genügend Erfahrung, um ihr Pferd diese schwierigen Lektionen zu lehren!

FEHLER BEIM FLIEGENDEN GALOPPWECHSEL UND IHRE VERBESSERUNG

Die Korrektur von Fehlern beim Changement sollte nur unter dem Reiter geschehen, da man an der Doppellonge zu wenige Möglichkeiten der Einwirkung hat.

Der Sprungwechsel auf zwei Phasen:
Dieser meistverbreitete Fehler resultiert aus zu geringer Versammlung des Pferdes, sei es aus mangelnder Vorbereitung, aufgrund reiterlicher Unzulänglichkeit oder einfach nur weil das Pferd noch nicht genügend Vorbildung mitbringt. In jedem Fall ist die Schuld beim Reiter zu suchen. Nun ist Sorge zu tragen, das Pferd entweder genügend zu kräftigen und ins Gleichgewicht zu setzen oder, falls es das bereits ist, die speziellen Übungen zur Korrektur durchzuführen. Diese sind der fliegende Galoppwechsel aus den Seitengängen oder aus einer viertel oder halben Galopppirouette, da das Pferd hier optimal versammelt sein sollte.

Das Pferd wechselt schief:
Darunter versteht man das seitliche Versetzen des Sprungwechsels, welcher ja schnurgerade erfolgen soll. Meist ist die Ursache in einer übertriebenen Hilfengebung und Gewichtsverlagerung des Reiters zu suchen. Nach Beseitigung der Ursache wird der fliegende Wechsel in höherem Tempo, also Arbeitsgalopp, verlangt. Nach kurzer Zeit werden Sie eine Besserung des Problems feststellen.

Stoppen im fliegenden Wechsel:
Das Pferd springt den letzten Sprung vor dem fliegenden Wechsel kürzer, es stoppt beinahe. Abhilfe bringt der Sprungwechsel aus der Galoppverstärkung, ohne das Pferd zu viel aufzunehmen, da der Fehler sonst noch gefördert wird. Auch hier ist Sorge für den Sitz des Reiters zu tragen, denn meist entsteht der Fehler durch einen vor die Senkrechte genommenen Oberkörper des Reiters.

Zufrieden in den Stall zurück

Davonlaufen nach dem fliegenden Wechsel: Auch hier ist meist übertriebene Hilfengebung schuld oder die Angst des Pferdes vor zu starker Versammlung. Bei zweiterem Problem ist das Pferd erst zu kräftigen, um ihm die Angst vor der Versammlung zu nehmen. Ersteres ist meist leicht durch feinere Hilfengebung zu beheben. Genügt das nicht, verlangt man den

Sprungwechsel mit Unterbrechung durch eine Haltparade wie bereits beschrieben. In kurzer Zeit wird das Pferd den Fehler aufgeben.

Flüchtiger Sprungwechsel:

Das Pferd springt den Wechsel nicht erhaben und vorwärts aufwärts, sondern flüchtig bei verändertem Galopptakt. Dieser Fehler entsteht nur, wenn das Pferd noch nicht genügend Kraft für den Sprungwechsel hat und daher die Schwebephase zu kurz ist, um schön und ausdrucksvoll zu wechseln. Hier sollte mehr Zeit gegeben und das Pferd noch aufgebaut werden, bevor erneut mit dem Sprungwechsel begonnen wird.

Allgemein kann man zu den Fehlern im Sprungwechsel sagen:

Ist das Pferd genügend gekräftigt, so kann es sich auch weit genug vom Boden abstoßen - die Schwebephase ist nun lang genug um die Beine im fliegenden Wechsel zu koordinieren. Fehlt die Kräftigung der Hinterhand, so ist dies die größte Fehlerquelle.

SCHEMA DER ARBEIT AN DER DOPPELLONGE

- *Beginnende Versammlung: Kurzkehrt und Hinterhandwendungen, Schulterherein sowie einfacher Galoppwechsel, Haltparaden aus allen drei Grundgangarten; Gewöhnung an das Kandarengebiss mit Unterlegtrense unter dem Reiter*
- *Mittlere Versammlung: Beginn der Piaffearbeit, Travers, Traversalen, Renvers*
- *Hohe Versammlung: Pirouetten, fliegende Galoppwechsel, Passage, Serienwechsel. Beginn der verfeinernden Arbeit an der Hand*

Die Arbeit an der Hand nach iberischem Stil

Die Arbeit an der Hand nach iberischem Stil ist eine sehr spezielle Arbeit und nur mit Pferden wirklich effektiv, die durch die vorangegangene Doppellongenarbeit vorbereitet wurden. Die Ausnahme stellt das seitliche Übertreten lassen an der Hand dar, wodurch man die Doppellongenarbeit bei der Erarbeitung der Seitengänge ergänzen kann. Speziell mit iberischen und von Natur sehr empfindlichen, eher temperamentvollen Pferden kann die Arbeit an der Hand nach iberischem Stil von allem Anfang an geübt werden, für diese Pferde wurde diese Arbeit ja auch erfunden. Es gibt allerdings auch Pferde, mit denen die Arbeit an der Hand nach iberischem Stil nicht möglich ist, was häufig vor allem auf Vollblutpferde zutrifft. Die Vorteile der iberischen Arbeit an der Hand sind geringer Materialaufwand, keine Notwendigkeit eines Gehilfen sowie die Möglichkeit, das Pferd zwischendurch entspannen zu lassen. Durch diese Arbeit werden besonders die Seitengänge, die Piaffe, die Passage sowie der spanische Schritt, der spanische Trab und die Levade gefördert.

Nun werden Sie sich fragen: Wozu - wir haben das ja alles schon an der Doppellonge gelernt? Zur Beantwortung dieser Frage ist Folgendes zu sagen: Jene Lektionen, die das Pferd zwar grundsätzlich bereits an der Doppellonge erlernt hat, werden mit den nun folgenden Möglichkeiten der Bodenarbeit schrittweise verfeinert und perfektioniert. Das Pferd soll an der Hand lernen sich zu runden und im Gleichgewicht vorwärts zu bewegen.

Zugestehen muss man allerdings, dass zwar nach iberischem Stil fast alle Lektionen an der Hand erarbeitet werden können, welche an der Doppellonge möglich sind, dies jedoch nur

In der Arbeit nach iberischer Art befindet sich der Ausbilder nahe am Pferd. Hier Schulterherein links.

mit Pferden, die sensibel genug sind. Anhand eigener Erfahrung konnte ich feststellen, dass der von mir beschriebene, stufenweise Ausbildungsweg an der Hand sich als der beste erwies, da er das qualitativ beste Endergebnis brachte und das Pferd nicht überforderte.

Bei der Arbeit nach iberischem Stil ist durch die Nähe des Ausbilders zum Pferd eine Verfeinerung der Hilfen möglich, man verliert jedoch (gerade durch diese Nähe) leicht die Übersicht über das gesamte Pferd und fasst allzu leicht nur ein einzelnes Kriterium ins Auge (wie zum Beispiel das Mobilisieren der Hinterhand in der Piaffe, ohne darauf zu achten, dass das Pferd keine Aufrichtung an der Vorhand zeigt und die Kruppe hochwirft). Darüberhinaus ist durch die intensive Arbeit knapp am Pferd die Gefahr sehr groß, es übermäßig zu erregen oder ängstlich zu machen.

DIE AUSRÜSTUNG

Für diese Arbeit ist, im Gegensatz zu allen anderen Arten der Bodenarbeit, praktisch kein spezielles Zubehör nötig. Das einzige Hilfsmittel, auf welches man besonderen Wert legen sollte, ist die Gerte oder Touchierpeitsche. Ich selbst bevorzuge Naturruten aus Birkenholz, die man leicht selbst schneiden kann, oder die in Portugal gebräuchlichen Quittengerten, die man allerdings auch nur in Portugal bekommt. Der Grund für dieses etwas altmodische Faible liegt darin, dass Gerten oder Touchierpeitschen, die man käuflich erwerben kann, nur selten die richtige Aktion haben. Wenn man bei Gerten von Aktion spricht, meint man ihre Elastizität im Verhältnis zur Länge. So sollte eine Gerte idealerweise in den ersten zwei Dritteln relativ steif sein, im letzten Drittel allerdings elastisch. Ist sie in ihrer ganzen Länge weich-elastisch, so kommt die Gertenhilfe nicht in dem Moment, in dem sie benötigt wird, sondern zu spät. Ist die Gerte über die ganze Länge steif, zeigt sie nur wenig Wirkung, und die Hand, die sie führt, ermüdet rasch. Sollten Sie jedoch eine gute Gerte im Fachhandel finden, die alle genannten Kriterien erfüllt, so steht einem Kauf natürlich nichts im Wege. Die Länge ist vom Ausbilder selbst und der Länge des Pferdes abhängig und individuell zu bestimmen. Handschuhe sind wie bei jeder anderen Arbeit an der Hand obligat.

VORÜBUNGEN UND ERSTE AUSBILDUNGSSCHRITTE

Korrekte Handhaltung und Gertenführung bei der Arbeit nach iberischem Stil

Die Ausbildung an der Hand, wie sie auf der iberischen Halbinsel üblich ist, wird normalerweise vor der täglichen Reitarbeit verlangt, und zwar um das Pferd ohne Reiter aufzuwärmen und auf die Reitarbeit vorzubereiten. Gerade in der ersten Zeit, in der man mit dieser Arbeit beginnt, sollte man sie jedoch an das Ende der Übungseinheit setzen, da das bereits abgegangene Pferd neue Übungen dieser Art leichter verkraftet. Der Ausbilder steht zumeist an der Innenseite seines Pferdes und beginnt seine Arbeit auf der linken Hand. Das Pferd ist auf Trense gezäumt und normal gesattelt. Die linke Hand hält den linken Trensenzügel dicht an der Trense gefasst, die rechte Hand den rechten Zügel, der über den Hals kurz vor dem Widerrist läuft. Darüberhinaus befindet auch sich die Gerte in der rechten Hand des Ausbilders, die wie ein Florett gehalten wird, um das Pferd an Bauch, Flanken, Kruppe und an den Beinen touchieren zu können.

Natürlich ist die Arbeit an der Hand nach iberischem Stil auch mit Kandare und Unterlegtrense möglich und wird auf der iberischen Halbinsel auch so praktiziert. Auch hier finden verschiedene Arten der Zügelführung Anwendung, nämlich die Führung 2:2 und die Fillisführung. Führt man auf blanker Kandare, was nur bei Pferden mit sehr hohem Ausbildungsstand ohne Schaden möglich ist, wird die Kandare entsprechend vorsichtig wie die Trense angefasst. Als weitere Möglichkeit speziell in der aufrichtenden Arbeit der Piaffe, Passage oder gar Levade werden beide Zügel wie bei einhändiger Führung unter dem Reiter über dem Widerrist des Pferdes gefasst. Diese Zügelhandhabung gibt die zweite Hand des Ausbilders völlig frei, um das Pferd an allen Stellen touchieren zu können.

Man beginnt die Arbeit an der Hand im Halten. Das Pferd wird am ganzen Körper mit der Gerte berührt. Wir zeigen sie ihm, überstreichen es am Halsansatz, Rücken, der Kruppe, den Beinen und dem Bauch, um ihm die Angst zu nehmen und Vertrauen einzuflößen. Erst wenn das Pferd beim Berühren seines ganzen Körpers mit der Gerte gelassen bleibt, beginnen wir mit der eigentlichen Arbeit. Die erste Übung, um das Pferd an diese neue Arbeit zu gewöhnen, besteht aus Haltparaden aus dem Schritt. Das Angehen im Schritt erfolgt durch auffordernde Worte und Berührungen mit der Gerte an der Stelle des Bauches, an welcher normalerweise der Schenkel liegt. Man wiederholt das auf beiden Händen, bis sich das Pferd ruhig und entspannt im Schritt vorwärts bewegt. In dieser Zeit sollte der Ausbilder ein Gefühl für die Dosierung von Gerten-, aber auch Zügelhilfen gewinnen. Durch leichtes Vibrieren mit der Hand stellt man sich das Pferd nun an den Zügel. Gibt das Pferd nach und trägt sich in der Haltung, die von uns erwünscht ist, muss die Hand ein wenig nachgeben. Nun wird das Pferd bereits zu kauen beginnen. Wieder arbeiten wir auf beiden Händen, bis das Pferd weich durchs Genick tritt und sich nicht auf die Hand des Ausbilders lehnt.

Der Ausbilder, der sich bis jetzt in der Höhe des Pferdekopfes befand, muss sich nun etwas weiter nach hinten begeben, etwa bis auf die Schulterhöhe des Pferdes. Damit sind wir in der korrekten Position, um mit dem Pferd arbeiten zu können. Je weiter hinten der Ausbilder am Pferd steht, umso stärker treibend wirkt dies, bei einer Positionierung weiter vorne am Pferdekopf ist die Wirkung natürlich bremsend. Zur Haltparade aus dem Schritt wird mit dem äußeren Zügel pariert, man nimmt den inneren Zügel nur dann zur Hilfe, wenn das Pferd nicht reagiert. Die Paraden sind nicht mehr als ein leichtes Beben der Hand, immer nach dem Motto: „Druck erzeugt Gegendruck“! Wie bei der Longe- und Doppellongenarbeit trachten wir auch hier danach, mit möglichst wenig Hilfen auszukommen, um so ein möglichst sensibles Pferd zu erhalten. Erst wenn das Pferd die Haltparade aus dem Schritt problemlos annimmt, beginnt man mit Haltparaden aus dem Trab und verfährt in gleicher Weise wie zuvor. Wenn diese Übungen gut funktionieren, verlangen wir auch das Rückwärtstreten von unserem Pferd, aus dem wir nach drei bis vier Tritten sofort wieder antraben. Nimmt unser Schützling auch diese Lektion willig an, können wir beginnen, jene Dinge von ihm zu fordern, die er an der Doppellonge gelernt hat, um diese zu verfeinern. Vergessen Sie auch bei dieser Arbeit nie, Ihr Pferd zu loben!

DAS SEITLICHE ÜBERTRETEN

Das seitliche Übertreten um die Vorhand ist die erste Lektion der iberischen Handarbeit, um das Pferd an seitwärts treibende Hilfen zu gewöhnen. Das Pferd wird in der Mitte der Reitbahn weitab von jeder Bande in Aufstellung gebracht. Die Gerte wird am Bauch des Pferdes auf der Höhe seines Kniegelenkes leicht angelegt und man achtet darauf, das Pferd nicht übermäßig vortreten zu lassen. Reagiert das Pferd darauf mit der gewünsch-

Seitliches Übertreten an der Hand

ten Seitwärtsbewegung, lässt man Gerte und Hand sinken und lobt es. Sollte keine Reaktion erfolgen, verstärkt man die Gertenhilfe, auch unter Zuhilfenahme eines auffordernden Zungenschlages. Diese Übung wird auf beiden Seiten wiederholt, wir verlangen jedoch anfangs nur einige Tritte, um das Pferd nicht zu verärgern. Beherrscht das Pferd diese Übung im Schritt auf beiden Händen, fordern wir dieselbe Bewegungsfolge im Trab.

DIE SEITENGÄNGE

Nun haben wir das Pferd bereits gut an diese Arbeit gewöhnt und es ist an der Zeit, mit den weiteren Seitengängen zu beginnen, die wir ja unter dem Reiter und an der Doppellonge bereits kultiviert haben. Auch hier beginnen wir mit der einfachsten Lektion der Seitengänge, dem Schulterherein, bei dem der Ausbilder an der inneren Schulter des Pferdes

Levade an der Hand nach iberischem Stil

geht. Die Position des Trainers ist nun besonders wichtig: weiter vorne am Pferd wirkt bremsend, weiter hinten wirkt treibend! Wie weit Sie Ihre Position verändern, hängt vom Pferd ab, Sie müssen es einfach probieren, um es herauszufinden. Zu Beginn richten wir das Pferd mit leichter Kopfstellung an der Bande gerade. Mit Gefühl verlangen wir nun zwei bis drei Tritte im Schulterherein. Drängt das Pferd nach innen zur Bahnmitte, wirkt die innere Hand durch leichte Vibrationen von unten nach oben entgegen. Die Gerte touchiert vorsichtig am Bauch oder ist, je nach Sensibilität des Pferdes, auch nur leicht angelegt. Die Übung des Schulterherein wird natürlich wieder im Schritt begonnen und auf beiden Händen geübt, bis das Pferd die Lektion an der Bande entlang ohne Probleme ausführt. Immer wieder wird das Schulterherein durch Haltparaden unterbrochen, wobei das Pferd gelassen und still stehen bleiben muss. Nun verlangen wir einige Abfolgen im Trab, wieder allerdings nur wenige Tritte. Das Antraben erfolgt aus dem Schrittschulterherein. Ohne das Pferd gerade zu stellen, trabt man im Schulterherein einige Tritte an und geht danach wieder zum Schritt über, woraus man nach einigen Schritttritten erneut antrabt. Auch hier verlangt man einige Abfolgen sowohl auf der linken als auch auf der rechten Hand.

Nach der Arbeit an der Hand verlangt man die gleiche Übungsabfolge unter dem Reiter und kann dann als weitere Steigerung dieser Lektion die Schrittparade durch eine Haltparade ersetzen. Hier ist sowohl unter dem Reiter als auch an der Hand ein deutlich wirkender äußerer Zügel sowie eine deutlich treibende innere Hilfe von größter Bedeutung. Durch Wiederholen dieser Lektion auf beiden Händen können wir nicht nur erkennen, ob unsere Hilfengebung korrekt ist, sondern auch Pferde korrigieren, die den äußeren Zügel beziehungsweise den inneren Schenkel (die innere Peitschenhilfe) im Schulterherein nicht oder nur mangelhaft annehmen. Wenn das Pferd diese Lektionen leicht und flüssig ausführt, beginnen wir mit folgender Übung: zu Beginn der langen Seite Schulterherein, im Schulterherein diagonal wechseln etwa bis zur Mittellinie. Nun wendet man das Pferd, immer in der selben Schulterhereinabstellung, um die Hanken zur Wand zurück und geht, an der langen Seite angekommen, ins Konterschulterherein über. Beide Ecken werden im Konterschulterherein passiert. An der nächsten langen Seite angekommen, versucht man nun langsam und gefühlvoll die Stellung und Biegung in die Gegenrichtung zu verändern, schreitet auf die Diagonale und geht zur Traversale über.

Eine andere Möglichkeit, die Traversale an der Hand zu beginnen, ist, sie von einer halben Volte oder von der Mittellinie ausgehend zu verlangen. Zunächst verlangt man die Traversalen in jene Richtung, in die sich das Pferd leichter biegt und stellt. Ist dies ist die linke Hand, so führt der Ausbilder sein Pferd auf der rechten Hand die Bande entlang. Er geht auf der Innenseite des Pferdes, führt es aus der Mitte, stellt und biegt das Pferd nun nach links und treibt es vorsichtig aber bestimmt seitwärts. Gelingen diese Übungen anstandslos, so verlangt man nun den Travers an der langen Seite (also das Kruppherein) sowie den Renvers. Der Renvers lässt sich auf zwei Arten an der Hand lehren. Erstens: In der Traversale von der Diagonale kommend, nimmt man am Übergang zur langen Seite die Kruppe des Pferdes etwas mehr mit, verhält die Schulter und geht an der langen Seite zum Renvers

Seitengänge nach iberischem Stil: Schulterherein-Wendung um die Hanken-Konterschulterherein und Übergang in die Traversale

über. Zweitens: Man entwickelt den Renvers aus der Schulterhereinabstellung, indem man das Pferd im Schrittschulterherein an der Hand leicht und vorsichtig umstellt und in die entgegengesetzte Richtung, also in die Bewegungsrichtung, biegt. Später fordert man auch Renversvolten sowie das Verkleinern und Vergrößern des Zirkels im Renvers. Verlangen Sie die Seitengänge an der Hand erst, wenn

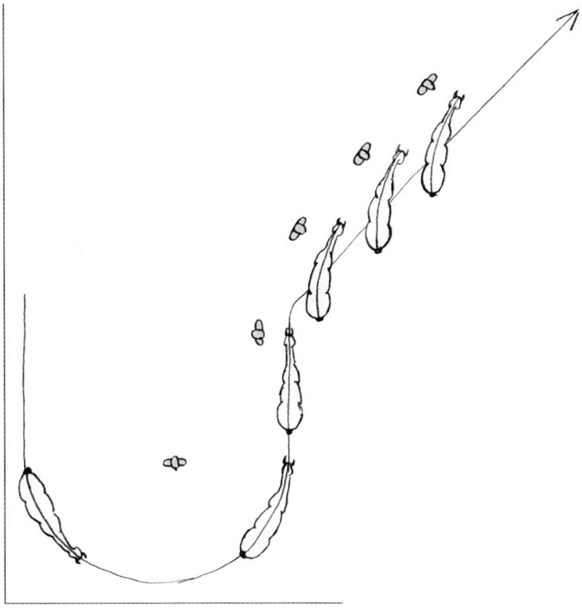

Einleiten der Traversale von der Mittellinie aus

Sie selbst und natürlich Ihr Pferd in dieser Arbeit einigermaßen sicher sind und die Vorübungen wie seitliches Übertreten und Schulterherein keine Schwierigkeiten mehr machen.

Der Vorteil der Handarbeit nach iberischem Stil liegt darin, dass man Stellung und Biegung gut korrigieren und kontrollieren kann. Man sollte sich jedoch davor hüten sein Pferd zu verbiegen, dieser Fehler ist gravierender als zu wenig Biegung und Stellung zu verlangen. Um den Fehler zu beheben, geht man zügiger vorwärts und stellt das Pferd dabei etwas gerader. Wie bei vielen Korrekturen ist auch hier der Schwung und Vorwärtsdrang sehr wichtig. Speziell im Renvers verlieren viele Pferde die Abstellung; dieser Fehler wird behoben, indem der Ausbilder etwas weiter innen, also näher bei der Bahnmitte geht.

Wiederholen wir noch einmal die wichtigsten Grundzüge der Seitengänge an der Hand: Da die Zügelführung mit beiden Zügeln erfolgt, gibt der Innenzügel die nötige Stellung. Der Dresseur befindet sich in der Traversale und im Travers zwischen Pferd und Bande, an der der Stellung und Biegung entgegengesetzten Seite. Im Schulterherein und im Renvers befindet sich der Ausbilder an der Innenseite des Pferdes, daher geht das Pferd zwischen Dresseur und Bande.

Im Zuge der Arbeit an den Seitengängen wird auch das Rückwärtstreten an der Hand in die Ausbildung einfließen. Hierzu hält man das Pferd an der Bande an und stellt sich in Höhe der Pferdeschulter auf. Mit leicht gespreizten Beinen neigt man den Oberkörper nun in Richtung der Kruppe des Pferdes und verlagert das eigene Gewicht auf das in diese Richtung gerichtete Bein. Die Verbindung zum Pferdemaul bleibt immer gummibandartig, und mit leicht vibrierendem Zügelanzug verlangt man nun ein bis zwei Tritte rückwärts. Gelingt dies, gibt die Hand sofort nach und das Pferd wird ausgiebig gelobt. Der Zügel wird wieder aufgenommen und die Übung wiederholt. Später verlangt man sukzessive mehr Tritte, bis man jene Trittanzahl erreicht hat, die man braucht (etwa eine Pferdelänge). Jetzt kann man auch die so genannte Schaukel verlangen, das heißt drei bis vier Tritte Rückwärtstreten, daraus ohne Halt drei bis vier Tritte im Schritt angehen und wiederum ohne Halt Rückwärtstreten (etwa vier Tritte). Aus dieser Lektion kann man verkürzt antraben und andere Lektionen wiederholen.

Schulterherein links: Julepe und Claudia Dietz

DIE BERGZIEGE AUF DEN GIPFEL STELLEN

Die nächste, für manche Leser sicher etwas befremdliche Lektion, ist eine Übung, die auf Baucher zurückgeht. Er hat sie für Pferde entwickelt, die Angst vor der Annäherung der Hinterbeine an die Vorderbeine haben. Auch für Pferde mit langem Rücken, die diesen gerne hängen lassen, ist jene Übung äußerst sinnvoll. Pferde, die von Natur aus überhängig stehen, also die Vorderbeine im Halten vermehrt unter den Rumpf ziehen, lehrt man diese Übung nicht, da sie kontraproduktiv wäre. Die Lektion wird sehr treffend mit „mettre l`isard sur un pic" („die Bergziege auf den Gipfel stellen") bezeichnet und ist ein Mittel zum Zweck. Sie hilft Pferden, welche sich in der Versammlung sehr leicht überfordert fühlen.

Wir stellen das Pferd vorerst an die Bande und touchieren im Halten ein Hinterbein an der Röhre, bis das Pferd es weiter unter den Bauch setzt. Sodann wird dasselbe vom anderen Bein verlangt. Fordern Sie nicht zu viel auf einmal. Das Pferd wird mit Futter belohnt, stets jedoch nur in tiefer Dehnungshaltung. Ohne Aufforderung darf es nicht nach vorne weg treten. Nach einiger Zeit, vorausgesetzt natürlich die regelmäßige Übung, wird das Pferd seine Hinterbeine bis auf etwa zwanzig Zentimeter an die Vorderbeine annähern. Wenn das Pferd diese Übung an der Hand problemlos ausführt, verlangt man sie unter dem Reiter. Während der Reiter verhindert, dass das Pferd nach vorne wegtritt, touchiert der Ausbilder wieder die Beine unter den Körper. Gelingt auch das, wird das Pferd (nun wieder an der Hand ohne Reiter) vorsichtig aufgerichtet, so dass es vermehrt Last mit der Hinterhand aufnimmt. Nun verlangen wir durch Zungenschlag und elektrisierende Berührungen mit der Gerte ein paar Piaffetritte, welche wir ja bereits an der Doppellonge erarbeitet haben.

„Die Bergziege auf dem Gipfel stehend": wichtig ist die tiefe Kopfhaltung zur Dehnung der gesamten Oberlinie

Später wird diese Übung auch in der Pilarenarbeit sehr hilfreich sein. Oftmals habe ich diese Lektion auch als Vorübung für die Piaffe an der Doppellonge gelehrt. Eine Kombination der einzelnen Möglichkeiten der Handarbeit in anderer Reihenfolge ist also jederzeit möglich und richtet sich stets nach den Begabungen und Anlagen des einzelnen Pferdes.

DIE PIAFFE

Die Piaffe wird ebenso wie an der Doppellonge aus dem schrittweisen Verkürzen des Trabes entwickelt. Dies beginnt man zunächst am Hufschlag, indem man am Bauch, der Flanke oder der Hinterhand touchiert und mit der Hand gegenhält. Da man in unmittelbarer Nähe des

Pferdes steht, hat man die Möglichkeit, direkter und genauer zu touchieren als in der Doppellongenarbeit, wobei es notwendig sein kann, das Pferd „aufzuschweifen", also den Schweif mit einem Knoten oder einer Schweiftasche hochzuflechten, um die Beine ohne Behinderung touchieren zu können. Im Kapitel „Arbeit an der Hand nach Wiener Art" können Sie nachschlagen, welche Reaktionen des Pferdes durch Touchieren der einzelnen Touchierpunkte ausgelöst werden können. Bei der iberischen Arbeit an der Hand sind jedoch nicht alle Stellen gleichermaßen gut erreichbar, da man ja auch noch die Zügel in beiden Händen führt.

Um eine Piaffe in hoher Versammlung zu erreichen, kann man das Pferd aus dem Rückwärtstreten anpiaffieren oder, wie an der Doppellonge, aus dem Seitengang, welcher zur Wand hin verkürzt wird. Auch aus dem Schulterherein kann die Piaffe entwickelt werden. Das Schulterherein findet in der Reitkunst als Lektion und Konterlektion fast unbegrenzte Anwendung, es ist fast als „Allheilmittel" zu sehen. So ist es nicht verwunderlich, dass wir es auch in der Piaffearbeit nutzbringend einsetzen können. Meist wird man den Übergang aus dem Schulterherein in die Piaffe bei Pferden anwenden, die eher zu eilig treten und sehr temperamentvoll sind. Man beginnt im Schrittschulterherein wieder auf jener Seite, auf der sich das Pferd „geschmeichelt" fühlt, sprich seiner besseren Hand. Der Ausbilder wirkt nun auf das Pferd durch Touchieren mit der Gerte so elektrisierend ein, dass das Pferd die Frequenz der Tritte erhöht und in eine diagonale Fußfolge übergeht. Bei den ersten piaffeartigen Tritten lässt man die Hände sinken und lobt das Pferd, wiederholt aber in kurzen Reprisen noch einige Male auf beiden Händen. Die Einwirkung des Ausbilders sollte, wie immer bei der Arbeit an der Hand, fein und einladend sein, nicht jedoch scharf und zwingend. Er muss versuchen, seine Energie auf das Pferd zu übertragen, ohne dabei Unruhe und Angst auszulösen. Wenn die Piaffe genügend gefördert ist, kann man auch die Passage an der Hand nach iberischem Stil verlangen.

Maestoso Ancona in der Piaffe an der Hand

Schweif mittels Schweiftasche hochgeflochten

DIE ENTWICKLUNG DER PASSAGE AUS DER PIAFFE

Die Passage wird wie bereits gesagt idealerweise aus der Piaffe entwickelt, der Ausbilder befindet sich wieder an der Innenseite des Pferdes. Aus der Piaffe lässt man das Pferd, ohne das rhythmische Touchieren aufzugeben, etwas mehr nach vorne treten, ähnlich dem verkürzten oder versammelten Trab. Verhält sich das Pferd und man hat das Gefühl, es kommt nicht so richtig von der Stelle, erhöht man etwas das Tempo, achtet aber darauf, immer etwas vor der Schulter zu bleiben, um ein Wegstürmen des Pferdes zu vermeiden. Nach kurzer Reprise, in der das Pferd deutlich kadenziertere Tritte gezeigt hat, hält man an und lobt. Man wiederholt nun auch auf der anderen Hand, verlangt aber wieder nur wenige Tritte, um unseren Schüler nicht zu überfordern. Manche Pferde reagieren besser auf ein Touchieren der Vorhand (entsprechende Punkte finden Sie ab Seite 138). Die Passage an der Hand ist nach iberischer Art etwas schwierig zu lehren, gewöhnlich beginne ich mit der Passage an der Doppellonge und verfeinere sie an der Hand nach iberischem Stil.

DER SPANISCHE SCHRITT

Das abwechselnde Anheben der Vorderbeine annähernd in die Waagrechte unter Beibehalten der Schrittfußfolge bezeichnet man als „spanischen Schritt“. Manchmal wird diese

Lektion mit dem „spanischen Tritt" verwechselt, der jedoch nur einen anderen, älteren Namen für die Passage darstellt. Die ersten Vorübungen für den spanischen Schritt erfordern etwas Geduld vom Ausbilder! Wir platzieren unser Pferd auf eine freie Linie und stellen uns auf seine linke Seite, fassen mit einer Hand die Zügel, entweder direkt am Maul oder etwas verkürzt am Widerrist, und touchieren dann an verschiedenen Stellen des linken Vorderbeines, um herauszufinden, an welchem Punkt man eine Reaktion des Pferdes auslösen kann. Manche Pferde stehen diesen Versuchen ziemlich phlegmatisch gegenüber und reagieren anfangs gar nicht oder versuchen seitwärts oder rückwärts auszuweichen. Nimmt das Ausweichen zur Seite überhand, stellen wir unser Pferd an die Bande, dem Ausweichen nach hinten versuchen wir durch leichtes Touchieren oder Anlegen der Gerte an der Hinterhand entgegenzuwirken. Hilft auch das nicht, stellen wir unser Pferd in eine Ecke, so dass es noch eine Wand hinter sich hat. Bitte werden Sie nicht ungeduldig, denn der spanische Schritt ist nur durch Geduld, nicht aber durch Grobheiten hervorzubringen, die Ihr Pferd nur in Angst und Nervosität versetzen.

Der spanische Schritt: Die Gerte unterstützt nur wenn unbedingt nötig, das Pferd reagiert bereits auf die Handhilfe mit dem Anheben des jeweiligen Beines.

Ein kleiner Exkurs in die Pferdepsychologie erklärt hier einiges: Auch der spanische Schritt ist durchaus keine unnatürliche Lektion. Wenn Hengste einander zum Spiel oder Kampf auffordern, so schlagen sie mit der Vorhand, manchmal auch mehrfach hintereinander. Hervorgerufen wird der spanische Schritt beim Pferd also in einer Stimmungslage, die entweder Spiel und Übermut oder Aggression entspricht. Wir müssen daher penibel darauf achten, unser Pferd keinesfalls in Angst zu versetzen, denn unter diesen Voraussetzungen wird es die Lektion niemals ausführen. Aus der Psychologie lässt sich auch der große Nut-

Der spanische Gruß

zen des spanischen Schrittes ableiten, nämlich sein Einsatz zum Abbau von Aggression oder Zorn, welcher sich gerade bei Hengsten manchmal während der Arbeit aufstaut und durch den spanischen Schritt ein Ventil erhält. Ein zweiter sehr positiver Ausbildungseffekt ist die enorme Schulterfreiheit, die das Pferd durch diese Lektion erhält, sie ist sehr nützlich in Piaffe und Passage.

Nun aber zurück zu den Vorübungen: haben wir irgend eine Reaktion wie Aufstampfen, Scharren oder Anheben des linken Beines hervorgerufen, was wie gesagt etwas dauern kann, loben wir unser Pferd ausgiebig, auch mit Belohnung in Form von Futter (Zucker, Leckerli), und verfahren ebenso auf der anderen Seite des Pferdes am rechten Bein. Diese Vorübung wird so lange perfektioniert, bis das Pferd das jeweilige Bein auf leichtes Antippen weitestgehend gestreckt und hoch anhebt. Sollte es Ihnen nicht gelingen, das Pferd zum Strecken des Beines zu bewegen, hilft manchmal ein Zahnstocher, mit dem man das Pferd von hinten in den Unterarm piekt, während ein Gehilfe an der vorgesehenen Stelle mit der Gerte touchiert. Das Touchieren sollte auffordernd und nicht zu fest erfolgen. Denken Sie daran, wie eine lästige Fliege Ihr Pferd zum Aufstampfen bringen kann, so oder so ähnlich sollten Sie die Gertenhilfe dosieren.

Hält das Pferd im Stehen das Bein einige Zeit hoch, so hat es den „spanischen Gruß" erlernt. Diese Lektion können wir auch aus dem Sattel auslösen, indem wir, jetzt von oben, die Schulter touchieren, um dieselbe Reaktion hervorzurufen wie an der Hand.

Jetzt ist es so weit, von unserem Schützling das Anheben des Beines auch in der Schrittbewegung zu verlangen. Wir beginnen wieder am Hufschlag, stehen an der Innenseite des Pferdes und lassen es im Schritt angehen. Aus dem fleißigen Schritt fordern wir nun mittels Gertenhilfe das Anheben des inneren Vorderbeines. Gelingt dies, ohne dass der Bewegungsfluss des Schrittes gestört wird, verfahren wir ebenso auf der anderen Hand. Ist diese Arbeit von Erfolg gekrönt, verlangen wir vom Pferd das abwechselnde Anheben der Beine, aber mit jeweils zwei Schritttritten dazwischen: also Anheben links - zwei normale Schritttritte - Anheben rechts - zwei normale Schritttritte und so weiter. Diese Übung wird in der Fachspachc als „Polka“ bezeichnet. Bei manchen Pferden hat es sich als zielführend erwiesen, im Schritt anfangs nur das Anheben eines Beines zu verlangen. Später, wenn die Übung gefestigt ist, fordert man das Anheben des anderen Beines im Schritt, um dann beide Übungen zusammenzufassen und das abwechselnde Anheben der Beine in der Polka zu fördern.

Von nun an ist es nur mehr ein kurzer Weg zum spanischen Schritt: wir verlangen nun einfach das abwechselnde Anheben der Vorderbeine in der Schrittfußfolge bei jedem Tritt, dies jedoch immer nur ein paar Schritte, um das Pferd nicht aus dem Takt zu bringen und den Schritt zu erhalten. Es ist sehr wichtig, darauf zu achten, dass das Pferd mit der Hinterhand gut unter sein Gewicht tritt, denn je besser der Untertritt, umso erhabener werden die Tritte der Vorhand.

Unter dem Reiter lehren wir das Pferd nun, auf das Anheben der jeweiligen Zügelhand das entsprechende Bein zu heben. Auch im spanischen Schritt treibt man, wie im Schritt, abwechselnd im Takt. Lassen Sie sich zu Beginn, wenn Sie den spanischen Schritt reiten wollen, von einem Gehilfen unterstützen, welcher bei Bedarf, um das Pferd auf die Zügelhilfe zu sensibilisieren, durch Touchieren unterstützt.

Claudia Dietz auf Julepe im spanischen Schritt

Oft sieht man Reiter, die den spanischen Schritt dadurch auslösen, indem sie ihr eigenes Bein von jener Seite des Pferdes abheben, auf der ihr Pferd strecken soll, und gleichzeitig ihr Gewicht auf die Gegenseite verlagern. Davon halte ich nicht viel, da man sein Pferd dadurch nur allzu leicht ins Schwanken bringt und dann wie beschwipst „durch die Gegend torkelt“, ein Anblick, der wenig ästhetisch ist. Abgesehen davon ergibt sich aus dieser Hilfengebung auch ein großer Nachteil für den spanischen Trab, denn haben Sie einmal versucht, Ihr Bein im Trabtakt abwechselnd vom Pferd abzuheben? Falls Ihnen das gelingt, gratuliere ich Ihnen, dann sind Sie ein Bewegungstalent. Seien Sie jedoch vorsichtig, dass

Der spanische Schritt kann später an der Hand nach Wiener Schule gefördert werden.

Ihr Pferd nicht zu Sturz kommt! Von den Anfängen bis zur Vervollkommnung des spanischen Schrittes dauert es meist ein Jahr. Dann sollte das Pferd imstande sein, den spanischen Schritt jederzeit und über mindestens sechzig Meter in korrekter Fußfolge zu zeigen.

FEHLER IM SPANISCHEN SCHRITT UND IHRE KORREKTUR

Schwanken des Pferdes:
Viele Pferde neigen dazu, jedoch wird der Fehler wie bereits beschrieben meist durch den Reiter ausgelöst. Zur Korrektur treibt ein Gehilfe das Pferd im Schritttakt vorsichtig mit der Gerte an den Hinterbeinen nach und fordert damit ein energischeres Abfußen des Pferdes. Bald wird der Fehler behoben sein, vorausgesetzt der Reiter hat die Ursache, also seine eigenen Gewichtsverlagerungen, abgestellt und sitzt ruhig, gerade und gelassen im Schwerpunkt des Pferdes.
Ausbleiben der Hinterhand:
Hier verlangt der Ausbilder zu viele Tritte - weniger ist mehr ! Auch hier kann das Nachtouchieren eines Gehilfen an der Hinterhand sehr hilfreich sein.
Das Pferd hebt die Vorderbeine nur geringgradig an:
Entweder muss dem Pferd noch Zeit gelassen werden und es wird bei entsprechender Übung von selbst erhabenere Tritte zeigen, oder die Aufforderung zum spanischen Schritt muss vom Ausbilder intensiviert werden, bis das Pferd die entsprechende Reaktion zeigt.

DER SPANISCHE SCHRITT RÜCKWÄRTS

Beherrscht das Pferd den spanischen Schritt vorwärts in Perfektion, kann man ihm diesen auch rückwärts beibringen. Das Pferd hebt abwechselnd das Vorderbein an, tritt aber beim Niedersetzen des jeweiligen Vorderbeines einen Schritt zurück, und zwar in der korrekten Fußfolge des Rückwärtstretens, nämlich diagonal. Oft ist der spanische Schritt rückwärts für ein Pferd einfacher als vorwärts. Man steht wieder am Hufschlag der Bahn und an der Innenseite des Pferdes, diesmal allerdings etwas weiter vor der Schulter, und nutzt somit die verhaltende Hilfe der Position des Ausbilders. Dann fordert man das Pferd zum Rückwärtstreten auf - kurze Haltparade und Anheben des inneren Beines - wieder Rückwärtstreten - Halt - Anheben des inneren Beines.

So verfährt man erst links und dann rechts, bis das Pferd das Bein anhebt und dann zurücksetzt. Mit etwas Geduld lernt das Pferd dann recht rasch, abwechselnd sein Vorderbein zu heben und dabei zurückzutreten. Vernachlässigen Sie jedoch nicht die Vorwärtstendenz ihres Pferdes und halten Sie diese Übung kurz.

DIE PASSAGE AUS DEM SPANISCHEN SCHRITT ENTWICKELT

Nachdem das Pferd imstande ist, den spanischen Schritt auf Gertenzeichen auszuführen, ist die Grundlage dafür gegeben, aus dem spanischen Schritt die Passage zu entwickeln. Aus dem fließenden spanischen Schritt, bei dem das Pferd gut untertritt, traben wir nun vorsichtig versammelt an und touchieren das Pferd an der gewohnten Stelle wie beim spanischen Schritt. Beim ersten Anzeichen von kadenzierteren und erhabeneren Tritten wird die Arbeit unterbrochen und das Pferd gelobt. Auf diese Weise verfährt man, bis man im Laufe von Tagen, Wochen oder auch Monaten mehrere Tritte und längere Strecken in der Passage zurücklegen kann.

Wieder ist es von Vorteil, dies vorerst an der Hand zu verlangen, es bleibt dem eigenen Geschmack vorbehalten, ob man diese Art die Passage zu entwickeln an der Hand nach iberischer Art übt oder aber an der Doppellonge. Zwischendurch ist es hilfreich, wenn ein Gehilfe das Pferd an den Hinterbeinen leicht nachtreibt, um ein Ausbleiben der Hinterhand zu vermeiden.

Die Nachteile einer Entwicklung der Passage aus dem spanischen Schritt sollen aber auch nicht verschwiegen werden: Es kommt bei dieser Vorgangsweise leicht zu Verwechslungen zwischen dem spanischen Trab und der Passage, oft kann das Pferd dann den Unterschied zwischen den beiden Gängen nur schwer verstehen. Darüberhinaus ist die Versammlung in der Passage bei Pferden, bei welchen die Passage aus der Piaffe entwickelt wurde, wesentlich besser, weshalb ich vorzugsweise die Passage aus der Piaffe lehre. Ein drittes Problem taucht meist dadurch auf, dass viele Pferde eine Stütze am Zügel suchen und vorne zu tief werden. Man wird also diese Methode, die Passage zu lehren, nur sehr gezielt und bei bestimmten Pferden anwenden!

DIE PIROUETTE AUF DREI BEINEN

Die Pirouette auf drei Beinen ist jene Lektion, in welcher das Pferd ein Bein zum spanischen Gruß hebt und eine Vorhandwendung ausführt. Es ist dies eine künstliche Lektion, die ich aber dennoch beschreiben will, da sie, mit Umsicht und nicht zu oft ausgeführt, keinerlei Schaden anrichtet, sehr schön anzusehen ist und einen hohen Grad an Gehorsam vom Pferd verlangt. Bei der Pirouette nach links bleibt das Pferd mit der rechten Vorhand am Boden und hebt die linke möglichst hoch an, in der Pirouette rechts natürlich umgekehrt. Hat das Pferd den spanischen Schritt beziehungsweise den spanischen Gruß gelernt, ist das Erlernen dieser Lektion nur eine Frage von Geduld und Übung.

Das Pferd steht frei in der Bahn, man steht an seiner linken Seite etwa in der Höhe des Bauches, verlangt durch Touchieren der rechten Schulter, der Brust oder des Beines das Anheben des rechten Beines und drängt das Pferd nun durch den eigenen Körper dazu, mit der Kruppe nach rechts zu weichen. Am Anfang wird das Pferd sein rechtes Bein wieder zur Erde setzen. Das macht jedoch nichts aus, denn man wiederholt diese Übung, bis das Pferd nur ansatzweise versteht und für einen Augenblick das Bein angehoben lässt, während es mit der Kruppe weicht. Hierauf wird es ausgiebig gelobt. So geht man vor, bis das Pferd zuerst eine viertel, eine halbe und später eine ganze Pirouette um die Vorhand durchführt ohne das Bein niederzusetzen. Natürlich wird diese Übung auf beiden Händen ausgeführt. Wichtig ist, sowohl beim Training als auch dann wenn die Lektion schon sicher ist, immer auf die Bodenbeschaffenheit zu achten. Der Boden sollte so nachgiebig sein, dass ein Drehen des Hufes ohne großen Widerstand möglich ist, um keine Bänderschäden hervorzurufen. Um Verletzungen vorzubeugen, sollte das Pferd auch nicht mit Stollen beschlagen sein, und die Übung sollte nicht allzu oft wiederholt werden.

Nicht unerwähnt bleiben sollte, dass es eine weitere Variante gibt, dem Pferd diese Lektion beizubringen, von der ich jedoch abraten möchte. Hierbei wird dem Pferd mit einer Longe ein Bein hochgehalten und es mit einer Gerte um die Vorhand seitwärts getrieben. Diese Vorgehensweise ist für Mensch und Tier nicht ungefährlich und ähnelt in ihrer Ausführung eher einer Vergewaltigung als einer pferdegerechten Ausbildung. Darüberhinaus sind für ihre Durchführung meist zwei Personen notwendig, um die Longe zu bedienen und zur gleichen Zeit das Pferd um die Vorhand treiben zu können. Ich selbst bevorzuge ausschließlich die erste Variante.

SCHEMA DER ARBEIT AN DER HAND NACH IBERISCHER ART

- *Verfeinerung von bisher erlernten Lektionen wie Piaffe, Passage, Seitengänge*
- *Verbesserung von Stellung und Biegung in den Seitengängen*
- *Erreichen eines höheren Grades der Versammlung in Piaffe und Passage*
- *Erarbeiten des spanischen Grußes*
- *Erlernen der Polka und des spanischen Schrittes*

Die Arbeit an der Hand nach Wiener Schule

In der Spanischen Reitschule und in der Folge auch hier nur kurz „Handarbeit“ genannt, dient die Arbeit an der Hand nach Wiener Art, wie alle Versionen der Bodenarbeit, als Hilfsmittel der Gesamtausbildung des Pferdes. Ausschließlich angewandt ist sie wertlos, ja kann sogar schädlich sein. So sehr die Handarbeit im letzten Jahrhundert Anklang gefunden hat und bis heute immer noch findet und so viele Vorteile sie auch haben mag, wird ihre Wirkung doch nur all zu oft durch Unverstand und Unkenntnis ins Gegenteil verkehrt. Die korrekte Arbeit an der Hand nach Wiener Schule ist ebenso wie alle anderen Möglichkeiten der Handarbeit (mit Ausnahme der noch später behandelten Pilarenarbeit) am Anfang sehr anstrengend für den Ausbilder. Wird sie jedoch innerhalb des hier vorgestellten Systems angewandt, erreicht man mit ihr eine unvorstellbare Verfeinerung

Wiener Kappzaum

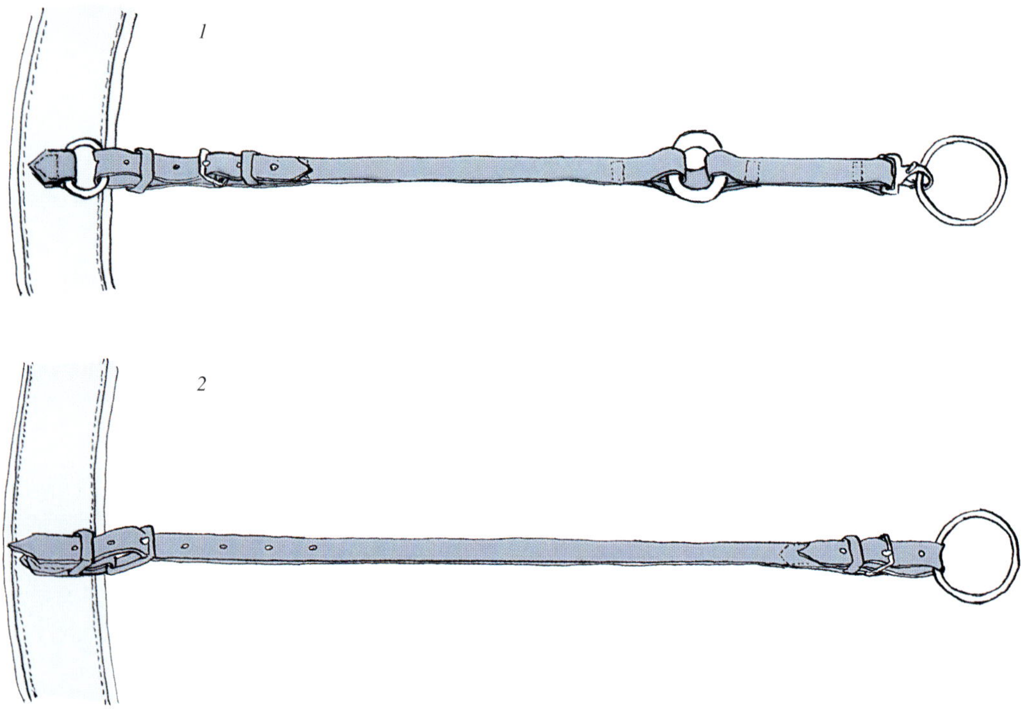

1. Üblicher Ausbindezügel 2. Am Gurt befestigter Ausbinder

sämtlicher Lektionen. Es steht Ihnen natürlich auch hier frei, die Handarbeit als Einzelelement und nicht im Zuge des Gesamtsystems anzuwenden. Zu Beginn dieser Arbeit sollte man sehr genau darauf achten, den Schwung zu erhalten beziehungsweise zu fördern, um ihn dann für die Bewegungen der hohen Schule, im Speziellen der Piaffe, einsetzen zu können. Die Wiener Handarbeit bietet die umfassendsten Möglichkeiten der Verfeinerung eines Pferdes, die wir kennen.

DIE AUSRÜSTUNG

Die Ausrüstung für die Handarbeit umfasst nichts anderes als jene für die Longenarbeit, nämlich Zaumzeug, Kappzaum und Führzügel, Longiergurt oder Sattel, wenn das Pferd gleich danach geritten wird, sowie Ausbindezügel und, sollte es notwendig sein, eine Longe. Der Ausbilder braucht wie immer Handschuhe sowie eine kurze, etwa 130 Zentimeter lange Touchierpeitsche und eine etwa 200 Zentimeter lange Peitsche.

VORBEREITENDE ÜBUNGEN

Das Pferd wird mit Kappzaum, Zaumzeug, Sattel (oder Longiergurt) und Ausbindezügeln, die noch nicht in die Trense eingehängt sind, in die Mitte der Reitbahn, welche eine Bande haben muss, gestellt. Die Bande ist in diesem Ausbildungssystem unverzichtbar, da sie ein Ausfallen des Pferdes nach außen verhindern soll. Erst später, wenn das Pferd versierter in der Handarbeit ist und auch gewöhnt wurde, auf freien Linien zu piaffieren, kann auch auf einem Viereck mit niederer Abgrenzung gearbeitet werden. Nur wenn das Pferd anschließend auf Stange geritten werden soll, wird mit Kandarenzaum aufgezäumt. Dies sollte aber nur selten der Fall sein und die Zäumung auf Trense sollte bei der Handarbeit die Zäumung der Wahl sein. Der Kappzaum ist so verschnallt wie bereits in der Longenarbeit beschrieben. Man verwendet jenen Kappzaum, der dem Pferd entspricht. Haben wir also ein sehr empfindliches Pferd, so benützen wir einen weicheren, gepolsterten Kappzaum, ist das Pferd eher unempfindlich, wird ein etwas schärferer Kappzaum verwendet. Am Kappzaum ist ein Führzügel befestigt, an dem das Pferd geführt wird. Nun binden wir in gewohnter Art aus, nicht kürzer als es das Pferd kennt, aber etwas tiefer, da die meisten Pferde zu Beginn dieser Arbeit zum Hochnehmen des Kopfes neigen. Ist das Pferd später an die Arbeit gewöhnt, wird wieder in normaler Höhe ausgebunden. Beim Ausbinden ist auf das Verhalten des Pferdes zu achten, um eventuellen Panikreaktionen zuvorkommen zu können, weshalb es auch besser ist, in der Mitte der Reitbahn auszubinden. Gerade bei der Handarbeit ist die Position des Ausbilders besonders wichtig. Er sollte im Idealfall möglichst nahe am Pferd und bei seiner Schulter stehen, da er hier, wenn es zu Abwehrreaktionen seitens des Pferdes kommt, von der Pferdeschulter aus dem Gefahrenbereich der Vorderbeine geschoben wird.

Nun geht man, den Führzügel in der linken Hand, die Peitsche in der rechten, mit dem Pferd an den Hufschlag auf die linke Hand und beginnt jene Vorübung, die wir bereits aus der Arbeit nach iberischer Art kennen: nämlich Schritt - Halt, später Trab - Schritt und Trab - Halt. Der Ausbilder darf beim Antraben niemals am Führzügel ziehen! Wenn das Pferd nicht auf die Stimmhilfe reagiert, hilft die Gerte dort nach, wo für gewöhnlich der Schenkel wirkt. Sollte das Pferd jedoch versuchen wegzustürmen, wird das durch mehrere kurze Paraden am Führzügel unterbunden und das Pferd wieder in den Schritt pariert. Die Übung wird wiederholt, wenn das Pferd sich etwas beruhigt hat. Auch hier berührt man das Pferd zwischendurch immer wieder mit der Peitsche an allen möglichen Körperstellen, um ihm gerade in einer Extremsituation die Angst vor der Gerte zu nehmen und Vertrauen zu schaffen. Sollte das Pferd weiterhin Panikreaktionen zeigen, darf unter keinen Umständen gestraft werden, sondern es ist zu überlegen, ob die Handarbeit nicht zu früh begonnen wurde und das Pferd sich einfach noch überfordert fühlt. In diesem Fall stellt man die Hand-

Korrekte Position des Ausbilders in der Handarbeit nach Wiener Schule

arbeit vorübergehend ein, um einen späteren Zeitpunkt abzuwarten und das Pferd durch alternative Arbeit, im Speziellen die Doppellongenarbeit, zu kräftigen und zu gymnastizieren. Fehlende Durchlässigkeit und Schwung können die Ursachen für die Unreife des Pferdes sein. Erfolg oder Misserfolg sind gerade bei der Arbeit nach Wiener Schule abhängig vom vorhandenen oder fehlenden Schwung des Pferdes. Wie wir aber bereits wissen, lässt sich der Schwung am besten an der Doppellonge fördern. Verschlechtert sich die übrige Arbeit unter dem Reiter, so sollte die Handarbeit ebenfalls unterbrochen und auf einen späteren Zeitpunkt verschoben werden. Die Vorarbeit des Lösens und Ausbalancierens des Pferdes entspricht dem Stimmen der Musikinstrumente vor einem Konzert: Nicht korrekt gestimmte Instrumente ergeben ein schlechtes Konzert.

DIE TOUCHIERPUNKTE AM PFERD

Hat unser vierbeiniger Schüler die Vorübungen ohne Aufregung und gelassen absolviert, beginnen wir mit dem Verkürzen des Trabes. Jetzt haben wir genug Freiheit, genauer zu touchieren, und ich will Ihnen an dieser Stelle die klassischen Touchierpunkte am Pferd näher erläutern:

1. Vorderrand des Unterarmes oder Karpalgelenk:
vermehrte Aktion des Unterarmes und der Schulter mit senkrechtem oder zurückgestelltem Röhrbein (nicht verwenden wenn das Pferd schon spanischen Schritt beherrscht!)
2. Hinterrand des Unterarmes oder Rückseite des Karpalgelenkes:
vermehrte Aktion des Unterarmes bei stärkerer Streckung des Beines (auch hier Vorsicht beim spanischen Schritt)

3. derselbe Punkt wie vor, jedoch an beiden Beinen gleichzeitig oder am Brustbein:
ruft bei gleichzeitigem Touchieren mit einer zweiten Peitsche an den Hanken ein leichtes Heben der Vorhand hervor; wobei das Pferd die Röhrbeine und die Hufe unter den Unterarm zieht (später hilfreich beim Entwickeln der Levade)

4. Vorderrand des Röhrbeines an einer Vorhand:
hohe Aktion bei zurückgenommenem Röhrbein.

5. Vorderseite des Fesselgelenks:
hohe Aktion bei stärkerem Winkeln des Fesselgelenks

6. seitlich am Bauch:
Übertreten der Hinterhand, leichtes Übertreten der Vorhand

7. Unterseite des Bauches:
Vortreten des Pferdes, bei manchen Pferden auch das unter den Bauch Ziehen der Hinterbeine

8. seitlich am Oberschenkel:
Übertreten mit Vorwärtsbewegung bei gleichzeitiger Verstärkung der Hankenbeugung

9. Hinterrand des Oberschenkels:
Vortreten des Hinterbeins und vermehrte Hankenbeugung

10. an beiden Oberschenkeln gleichzeitig:
gleichzeitiges Vorsetzen der Hinterbeine bei Absenken der Kruppe durch vermehrte Hankenbeugung

11. seitlich am Unterschenkel:
Übertreten mit stärkerer Aktion aus dem Kniegelenk

12. Hinterrand des Unterschenkels:
Anheben und Vorsetzen des Beines bei vermehrter Aktion aus dem Kniegelenk

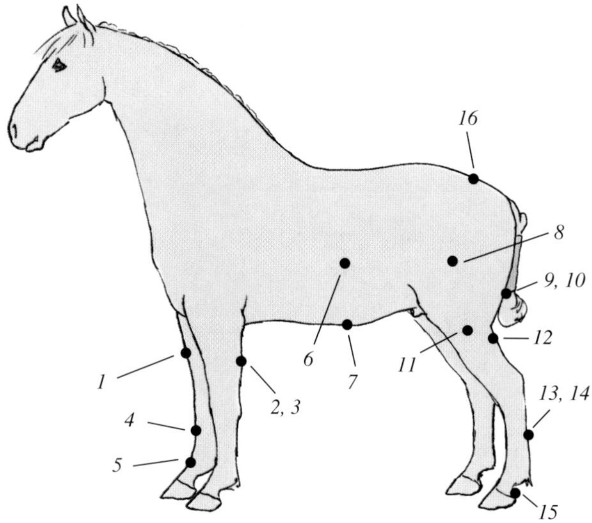

Die Touchierpunkte am Pferd

13. Hinterrand des Röhrbeines der Hinterhand:
stärkere Aktion durch Beugen des Sprunggelenks

14. beide Röhrbeine der Hinterhand:
Vorsetzen beider Hinterbeine und Beugen des Sprunggelenks

15. zwischen Fessel und Ballen des Hufes:
Vorsetzen des Hufes

16. auf der Kruppe:
bei manchen Pferden Absenken der Hinterhand, bei hochsensiblen Pferden oft Streichen der Hinterbeine (Ausschlagen)

Wenn auf das Touchieren dieser Punkte nicht die gewünschte Wirkung eintritt, ist das Pferd körperlich oder geistig noch nicht in der Verfassung richtig zu reagieren, hier muss der

Ausbilder noch etwas Geduld aufbringen, bis das Pferd die Hilfe begreift, oder Muskeln und Gelenke gestärkt und biegsam sind. Die Hilfen an der Vorhand sind bei hoch veranlagten Pferden nicht notwendig, da die nötige freie Bewegung der Vorhand von Natur aus gegeben ist und der „Motor“ des Pferdes in der Hinterhand liegt. Man sollte mit den Hilfen an der Vorhand also äußerst sparsam umgehen und nicht von vorne nach hinten arbeiten!

Das Pferd ist mit der sogenannten Springlonge ausgestattet, die dem Ausbilder Einwirkung auf das Tempo erlaubt.

DIE PIAFFE

Bei der Verfeinerung der Piaffe nach Wiener Schule ist es manchmal sehr hilfreich, einen Gehilfen zu haben, der das Pferd vorne am Kappzaum anführt. Beim Anführen des Pferdes darf, wie erinnerlich, nicht am Kappzaum gezogen werden, sondern der nötige Vorwärtsdrang muss durch den seitlich versetzt hinter dem Pferd gehenden Ausbilder durch Touchieren ausgelöst werden. Der Gehilfe hat das Pferd gerade zu richten, entweder mit dem Führzügel in Richtung der Bahnmitte oder durch Drücken jener Hand, die den Führzügel hält, an die Ganaschen des Pferdes. Der Gehilfe geht bei der Handarbeit nicht rückwärts, da er sonst zu Sturz kommen könnte, sondern ist dem Pferd zugewandt und bewegt sich seitwärts übertretend mit dem Pferd. Sollte es nötig sein, speziell bei Pferden, die gerne vorwärts stürmen, kann der Ausbilder noch eine zusätzliche Longe, in der Spanischen Reitschule als „Springlonge“ bezeichnet, in den äußeren Ring des Kappzaumes oder den äußeren Trensenring einhängen, um so auch von hinten parierend und temporegulierend einwirken zu können.

Wir gehen nun im Schritt an, traben an und verkürzen unter Zuhilfenahme des Zungenschlages und Touchierens die Trabtritte. Nach einer solchen Phase der Verkürzung entlässt man das Pferd in den Schritt, um es damit zu belohnen und ihm Gelegenheit zu geben, seine Kräfte zu sammeln. Hierauf wird die Übung wiederholt und dann angehalten und das Pferd belohnt. Zur Haltparade stellt sich der Gehilfe

Piaffearbeit: Der Gehilfe führt das Pferd an, der Ausbilder nimmt Einwirkung über die Springlonge.

etwas vor den Kopf des Pferdes, um ihm den Unterschied zwischen Haltparade und Schrittparade zu verdeutlichen. Besonders wichtig ist es, darauf zu achten, dass das Pferd tatsächlich entspannt und ruhig stehen bleibt, was am Anfang sicher nicht so einfach sein wird. Empfindliche, nervöse Pferde beginnen oft herumzutanzen. Hier wird das Stillstehen am Anfang nur kurz verlangt und erst später zu einer längeren Phase ausgedehnt. Niemals darf man der Unruhe mit Strafen begegnen. Zum Antraben mit verkürzten Tritten tritt der Gehilfe wieder neben die Schulter, der Ausbilder an der Longe fordert das Pferd durch Zungenschlag und feine, elektrisierende Berührungen mit der Gerte zum energischen Antreten auf. Achten Sie darauf, immer das Vertrauen Ihres Pferdes zu erhalten, denn die Kraft des Pferdes darf nie unterschätzt werden: Wird es sich seiner Kraft bewusst, ist man am Führzügel praktisch hilflos.

Friesenhengst Wiebe in der Piaffe an der Hand. Zur Korrektur wird die Schulter kurz hereingestellt (Geraderichtung).

In der Spanischen Reitschule wird die Piaffe ausschließlich so gelehrt. Diese Arbeit hat jedoch den Nachteil, dass speziell nervige Pferde sehr ängstlich werden können und die Handarbeit in dieser Form nicht mehr möglich ist, weshalb ich eben die Kombination aller mir zur Verfügung stehenden Möglichkeiten der Bodenarbeit, die etwas mehr Vorwärtsdrang zulassen, vorweg nutze. Erst danach kehre ich zur Handarbeit nach der Wiener Schule zurück, um die Piaffe zu verfeinern und daraus, sollte ein Pferd talentiert sein, die Schulen über der Erde zu entwickeln. An der Spanischen Reitschule kommt es nur selten zu Problemen, da der Lipizzaner vom Temperament her sehr ausgeglichen ist und eher dazu neigt, sich etwas bitten zu lassen.

Die Trabtritte werden nun sukzessive weiter verkürzt, bis das Pferd die ersten piaffeähnlichen Tritte zeigt, stets jedoch nur solange die Trabfußfolge stimmt. Verändert sich diese, ist die diagonale Fußfolge durch Vorwärtstreiben wieder herzustellen. Der Handwechsel erfolgt durch „in die Ecke umkehren", wobei der Gehilfe vorne um das Pferd herum wieder an seine Innenseite geht. Sollten wir mit Springlonge arbeiten, wird diese in den neuen Außenring eingeschnallt. Bei jedem Erfolg wird unser vierbeiniger Schüler ausgiebig gelobt. Es gibt übrigens für ein Pferd keine größere Belohnung, als nach einem Erfolg die Lektion sofort beenden zu dürfen. Ich gehe sogar so weit, meine Pferde mehrmals am Tag, dafür aber nur kurz zu fordern, speziell bei der Arbeit an der Hand nicht länger als zehn Minuten. Anfangs sollte man sich mit nur wenigen Piaffetritten begnügen und die Trittzahl langsam steigern. Wichtig ist, die Peitschenhilfe und später auch den Zungenschlag im Laufe der Zeit zu minimieren, um zu einem Pferd zu gelangen, das möglichst von selbst auf die geringste Aufforderung piaffiert und erst auf ein Zeichen die Lektion beendet. Ist das Pferd versiert darin, die Piaffetritte

Piaffe an der Hand mit dem passiven Reiter: diese Übung ist eine perfekte Sitzschulung

ohne Gewicht auszuführen, benötigt man auch keine Springlonge mehr, der Ausbilder führt nun selbst am Führzügel an und touchiert.

Jetzt ist es an der Zeit, das Pferd auch durch das Gewicht des Reiters zu belasten. Der Reiter sitzt zunächst passiv und gibt kaum Hilfen, während der Ausbilder das Pferd wie gewohnt an der Hand piaffiert. Das schult das Pferd und auch den Sitz des Reiters. Später wird der Ausbindezügel gelöst, der Kappzaum abgenommen und der Reiter nimmt den Zügel auf. Der Ausbilder touchiert weiter nach, während der Reiter frei piaffiert. Auch hier sind die Hilfen möglichst gering zu halten. Später wird das Pferd imstande sein, auf geringe Aufforderung durch den Reiter in der Piaffe anzutreten und praktisch von selbst weiter zu piaffieren. Immer wieder ist das Pferd aus der Piaffe in den Trab zu entlassen, um den Takt und den Schwung zu erhalten. Hierbei wird das Pferd dann mit dem Hals etwas tiefer eingestellt und man wird dem Leichttraben den Vorzug geben. Speziell im Übergangsstadium von der Arbeit an der Hand zur Piaffe unter dem Reiter ist diese Form der Entspannung sehr wichtig. Regelmäßige Handwechsel verstehen sich von selbst.

Piaffiert das Pferd nun ohne Probleme 20 bis 30 Tritte, beginne ich mit der Entwicklung der höchstmöglichen Versammlung. Dieser Zeitpunkt wird umso früher kommen, je besser die Vorarbeit durch andere Arten der Handarbeit war. Natürlich ist in der Handarbeit nach Wiener Schule sowohl der spanische Schritt als auch die Passage zu lehren und zu verbessern. Gerade bei der Verbesserung der Lektionen hat man Vorteile gegenüber der Arbeit an der Hand nach iberischem Vorbild, da die Haltung des Pferdes durch die Ausbindezügel bestimmt und erhalten wird und nicht durch den Ausbilder kontrolliert werden muss. Die Hilfe eines Assistenten hingegen ist meist unverzichtbar, da sonst der gesamten Arbeit der Schwung fehlt. Schwung und Untertritt sind immer wieder durch Nachtouchieren zu korrigieren und zu fördern, während vorne die Aktion erhalten wird.

DIE SCHULEN ÜBER DER ERDE

Alle Schulen über der Erde erfordern auf der einen Seite Spezialisten unter den Pferden, welche eine besondere Eignung dafür mitbringen müssen, auf der anderen Seite besonders geschulte Ausbilder. Sie werden zunächst an der Hand entwickelt und später auch geritten. Die Schulen über der Erde stellen neben der Arbeit am langen Zügel die Krone der Bodenarbeit dar. Trotzdem kann ich sie diesem Buch nur kurz streifen, da eine genaue Beschreibung des Ausbildungsweges den Rahmen des Buches sprengen würde. Darüberhinaus erfordern sie einen sehr erfahrenen Ausbilder, nicht umsonst wird man nur dann Oberbereiter der Spanischen Reitschule Wien, wenn man ein Pferd bis zur Schule über der Erde gefördert hat.

DIE LEVADE

Das tiefe Absenken der Kruppe des Pferdes bei gleichzeitigem Erheben seiner Vorhand nennt man Levade. Sie wird aus der stark verkürzten Piaffe entwickelt, in der das Pferd so lange immer weiter unter sein Gewicht tritt, bis es sich vorne erhebt. Der Ausbilder piaffiert das Pferd an und senkt die Hinterhand durch Touchieren der entsprechenden Punkte sukzessive ab, bis die Vorhand leicht wird und das Pferd sein Körpergewicht auf der Hinterhand trägt. Dann hebt man die Hand mit dem Führzügel an, als wollte man das Pferd vorne aufheben, wobei man selbst das der Hinterhand zugewandte Knie beugt. In jenem Moment, in dem das Pferd seine Vorhand erhebt, bleibt die Peitsche verwahrend an seiner Hinterhand.

Verlangen Sie nicht zu viel auf einmal, da die Levade sehr anstrengend ist. Bei einer korrekten Levade erhebt sich der Pferdekörper bis zu

Höchste Verfeinerung der Handarbeit: Piaffe frei, ohne Hilfszügel, nur mit Kappzaum gezäumt

einem Winkel von etwa 30 bis 35 Grad. Bereits ein nur angedeutetes Abheben der Vorderbeine wird deutlich gelobt. Ist das Pferd zwar deutlich gesetzt, wagt es aber nicht, die Vorhand vom Boden abzuheben, so besteht die Möglichkeit, vorne an der Rückseite des Unterarmes oder dem Brustbein zu touchieren. Hat das Pferd die Levade begriffen, lässt aber die Vorhand hängen, kann ebenfalls an den entsprechenden Punkten touchiert werden. Senkt das Pferd die Hinterhand noch nicht genügend ab, ist mit der Piaffearbeit fortzufahren, bis es die nötige Kraft und Biegsamkeit in den Hanken hat. Die Qualität der Lektion ist abhängig vom Grad der Hankenbiegung, das heißt je tiefer gesetzt das Pferd ist, umso besser ist die Levade, aus welcher dann alle anderen Schulen über der Erde entwickelt werden.

Die Levade oder die später beschriebene Pesade sind Lektionen der Schule über der Erde und haben nichts mit dem Steigen gemein, welches Pferden in der Freiheitsdressur gelehrt wird. Speziell die Levade wird langsam aus der Piaffe entwickelt und ist nie unkontrolliert. Wenn sie korrekt gelehrt

Maestoso Ancona unter dem Autor in der Levade

wurde, benützt das Pferd diese Lektion niemals um sich zu wehren, was man beim Steigen sehr häufig antreffen wird. Aus diesem Grund lehre ich meine Pferde nie das Steigen! Die Levade unter dem Reiter wird zu Beginn ebenfalls an der Hand verlangt. Der Ausbilder führt das Pferd an und fordert die Levade mit dem passiven Reiter als Gewicht. Ist die Hinterhand später genug gekräftigt und das Pferd in der Levade an der Hand routiniert, wird sie unter dem Reiter keine großen Probleme mehr machen.

DER MÉZAIR

Mit diesem Begriff bezeichnet man eine Levade mit Vorwärtsbewegung, das heißt das Pferd leviert aus der Piaffe, setzt die Vorhand kurz ab, während es mit beiden Hinterbeinen nachsetzt, wieder leviert und so fort. Diese Lektion der Schulen über der Erde kann auch aus dem Terre à terre entwickelt werden, sobald das Pferd Levaden beherrscht. Hierzu wird der Terre à terre so lange verkürzt, bis das Pferd in den Mézair übergeht. Die alten Meister bezeichneten früher den Mézair als Courbette, heute versteht man unter der Courbette einen später noch beschriebenen Schulsprung.

DIE PESADE

Die Pesade ist im eigentlichen Sinne eine Vorübung zur Courbette (mehrere Sprünge auf der Hinterhand). Das Pferd erhebt sich auf die Aufforderung des Ausbilders noch höher, wobei die Hinterbeine deutlich mehr gestreckt sind als in der Levade. Die Pesade kann ein Pferd, wenn es geübt ist, sehr lange durchhalten - in Spanien sah ich Pferde, die 20 Sekunden in der Pesade verharrten. Dies ist deshalb möglich, weil das Pferd in der Pesade relativ aufrecht steht. Anders als in der Levade braucht es hierfür durch seinen geringeren Versammlungsgrad wesentlich weniger Energie.
In dieser Haltung benötigt das Pferd kaum noch Kraft, es handelt sich hauptsächlich um einen Balanceakt.

Pesade unter dem Reiter

DIE COURBETTE

Aus der Levade wird durch Touchieren beider Hinterbeine die Courbette entwickelt, vorausgesetzt natürlich das Pferd ist dafür veranlagt. Die Courbette ist jene Lektion, in welcher sich das Pferd durch ausdrucksvolle Sprünge auf der Hinterhand vorwärts bewegt ohne mit der Vorhand den Boden zu berühren. Vom ausgebildeten Courbetteur werden mindestens vier deutliche Sprünge verlangt, ich habe jedoch schon bis zu 14 Sprünge an der Hand gesehen. Eine schier unglaubliche Leistung! Auch dieser Schulsprung wird wie alle Schulen über der Erde zuerst an der Hand gelehrt. Hierzu arbeitet man mindestens zu dritt: Einer kontrolliert das Pferd mit dem Führzügel, der in den mittleren Ring des Kappzaumes eingehängt ist, und hält es gerade an der Bande. Der Zweite führt eine an beiden Seiten des Kappzaumes eingehängte Doppellonge und befindet sich hinter dem Pferd, und der Dritte, welcher neben dem Pferd in der Höhe der Kruppe steht, sorgt durch Touchieren im richtigen Augenblick für Untertritt, Hankenbiegung und das Abspringen des Pferdes. Die Doppellonge läuft durch die hochgezogenen und durch Knoten versorgten Steigbügel, um eine tiefe Führung zu gewährleisten.
Ob der Ausbilder die Doppellonge oder die Peitsche führt, hängt von der Situation ab, jedoch muss der Ausbilder seine Gehilfen immer im Auge behalten, kontrollieren und anweisen. Bei dieser Lektion muss vor allem am Anfang bedacht werden, dass das Pferd sicher nicht daran gewöhnt ist, mit drei Leuten zur gleichen Zeit zu arbeiten. So muss zunächst sein Vertrauen gestärkt werden, indem man ein bis zwei Runden um die Bahn im Schritt geht, immer wieder hält und das Pferd lobt. Dann werden raumgreifende Piaffetritte verlangt, um den Schwung zu erhalten. Langsam wird die Piaffe verkürzt und das Pferd durch mehrere Arrets mit der Doppellonge zur Levade aufgefordert. Während die Doppellonge, tief gehalten, gegen hält, wird die Peitsche unterhalb der Sprunggelenke angelegt, um ein Zurücktreten zu verhindern und gegebenenfalls beide Hinterbeine auf dieselbe Höhe zu bringen. Nun fordert der Peitschenführer durch energisches, aber nicht strafendes Touchieren und Zungen-

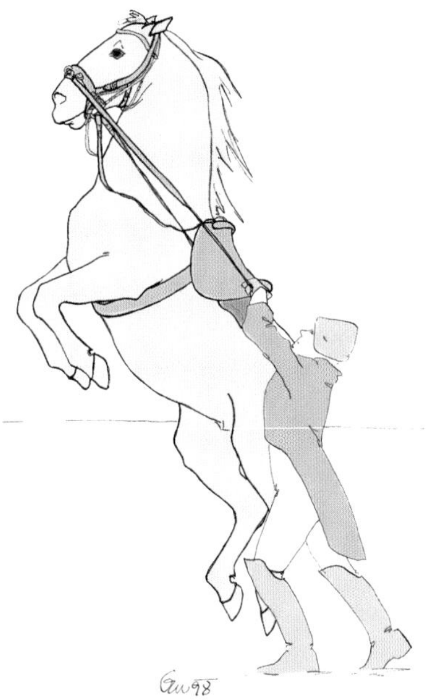

Courbette an der Hand

schlag das Pferd zum Absprung auf. Hat sich das Pferd aus der Levade zum Sprung erhoben, muss der anführende Gehilfe den Führzügel lang lassen, um das Erheben des Pferdes nicht zu behindern. Der Doppellongeführer fördert durch straffes Gegenhalten einen höheren Sprung, um dann bei der Landung wieder nachzugeben. Leistet das Pferd keinen Widerstand und ist willig bei der Arbeit, kann man noch einen Sprung verlangen, bis sich drei bis vier Sprünge aneinander reihen.

Gelingt dies ohne weitere Probleme, wird der Ausbilder nun dazu übergehen, das Pferd ohne Gehilfen selbst am Kappzaum anzuführen und auch selbst zu touchieren. Nach einiger Routine an der Hand wird das Pferd nun wieder mit dem Gewicht des vorerst passiven Reiters belastet. Die Hilfen unter dem Reiter sind folgende: der Reiter fordert sein Pferd zur Piaffe auf, durch Gegenhalten mit beiden Zügeln verlangt er die Levade und fordert hierauf durch energischen Schenkeldruck und nötigenfalls Anwendung der Gerte das Pferd zum Absprung auf. Wieder muss der Reiter durch seinen angestellten Zügel während des Sprunges darauf achten, dass das Pferd hoch genug wegspringt, um dann aber bei der Landung nachzugeben. Zum zweiten Sprung wird die Hilfe wiederholt. Ein guter Knieschluss ist bei der Courbette sehr wichtig, um nicht vom Pferd zu rutschen, notfalls ist es besser, sich kurz am Vorderzwiesel des Sattels fest zu halten, als dem Pferd mit der Hand im Zügel die Balance zu nehmen.

DIE KAPRIOLE

Bei der Kapriole springt das Pferd aus der Piaffe in die Luft, verharrt für einen Augenblick in der Luft und schlägt mit der Hinterhand aus, im Fachchargon als „Streichen“ bezeichnet. Die Kapriole wird aus der Piaffe und der Levade entwickelt und zwar nur mit Pferden, welche von Natur aus sehr explosiv und empfindlich sind. Wieder führt ein Helfer das Pferd am Kappzaum mit einem Führzügel die Bande entlang. Der Ausbilder geht mit der Peitsche und der an der Außenseite des Kappzaumes eingehängten Springlonge hinterher. Das Pferd wird zur Piaffe aufgefordert, der Helfer sorgt dafür, dass es an der

Wand gerade bleibt. Der Ausbilder bestimmt über die Springlonge den Raumgewinn der Piaffe und verlangt durch deutlichere Paraden und daraus verringerten Raumgewinn die Levade. Sobald das Pferd sich erhebt, wird es durch eine leichte Peitschenhilfe am Bauch und Zungenschlag zum Absprung aufgefordert, während Longe und Führzügel entsprechend nachgeben. Befindet sich das Pferd nun in der Luft, verhindert der leicht angestellte Führzügel und die Longe ein Absinken der Vorhand. In diesem Augenblick schlägt das veranlagte Pferd bereits von selbst aus. Tut es das nicht, wird es mit der Peitsche auf der Kruppe knapp über der Schweifwurzel dazu aufgefordert. Als Vorübung lehrt man das Pferd, im Stand auf die Peitschenberührung der Kruppe zu streichen. Hierbei sollte das Pferd schon auf ein leises Antippen der Kruppe ausschlagen und hier offenbart sich auch die Gefährlichkeit dieser Lektion und die Urgewalt von „nur" einem PS.

Wichtig bei der Beurteilung der Qualität einer Kapriole ist, ob das Pferd hoch genug springt, um genügend Zeit zum Streichen zu haben, ob die Vorderbeine gut angezogen werden und das Pferd mit beiden Beinen gleichmäßig streicht! Später kann der Helfer auch weggelassen werden und das Pferd wird nur an der Springlonge gesprungen. Von besonders veranlagten Pferden verlangt man die Kapriole später auch unter dem Reiter, wobei bei der Gewöhnung an das Reitergewicht ebenso verfahren wird wie in der Levade und der Courbette. Vor der Kapriole unter dem Reiter hat das Pferd korrekt und leicht am Zügel zu stehen, der Reiter darf in keinem Fall mit vorgenommenem Oberkörper sitzen, sondern muss sich absolut aufrichten und den Oberkörper etwas zurück nehmen. Das Pferd wird aus der Piaffe zur Levade und daraus durch Schenkeldruck zum Absprung aufgefordert. Die Zügel sind deutlich angestellt, um ein vorzeitiges Absinken der Vorhand zu verhindern, und am höchsten Punkt der Schwebephase fordert man das Streichen der Hinterbeine durch Antupfen der Kruppe mit der Gerte.

Vorbereitung zur Kapriole

Als fehlerhaft wird eine Kapriole mit hängenden Vorderbeinen angesehen, man spricht von einer „verkehrten Kapriole". Ganz schlecht ist eine von manchen Reitern als „gestandene Kapriole" bezeichnete Lektion, bei der das Pferd die Vorhand am Boden belässt und dabei streicht. Dies ist nicht mit der Kapriole im klassischen Sinne zu verwechseln und dient lediglich als Vorübung, um ein Pferd das Streichen zu lehren.

Kapriole an der Springlonge mit Gehilfen

CROUPADE UND BALLOTADE

Die Croupade ist die erste Phase auf dem langen Weg zur Kapriole. Das Pferd schnellt sich wie beschrieben vom Boden ab, schlägt aber nicht aus, sondern zieht die Hinterhand unter seinen Körper. Da die Körperhaltung nicht waagrecht ist, kann die Croupade auch als Vorübung zur Courbette dienen, denn die Landung erfolgt eindeutig auf der Hinterhand. Je tiefer das Pferd zuvor in der Levade war, umso höher wird der Sprung ausfallen, da die gesamte Federkraft der Hinterhand genutzt wird. Je höher aber der Sprung ausfällt, umso deutlicher kommt das Pferd in die Waagrechte.

Bei der Ballotade zieht das Pferd, zum Streichen bereit, die Hinterbeine derart unter den Körper, dass die Hufeisen seiner Hinterhand von hinten bereits zu sehen sind. Das Pferd streicht aber nicht. So kann es auch bei bereits in der Kapriole ausgebildeten Hengsten hin und wieder unbeabsichtigt „nur" zur Ballotade kommen. Dies stellt keinen Grund zur Bestrafung des Pferdes dar.

DER SPANISCHE SPRUNG

Eine sehr selten gesehene Lektion der Schulen über der Erde ist der spanische Sprung, der in der klassischen Schule nicht beheimatet ist und hier nur der Vollständigkeit halber genannt wird. Der Unterschied zur Kapriole liegt lediglich darin, dass das Pferd auch mit der Vorhand nach vorne schlägt oder die Beine nach vorne streckt. Ich habe diese Lektion in meinem Leben nur einmal gesehen und zwar in Portugal, denn es ist sehr schwierig, ein Pferd vorne und hinten zum Schlagen zu bewegen. Diese Lektion zählt bereits zur zirzensischen Reitkunst.

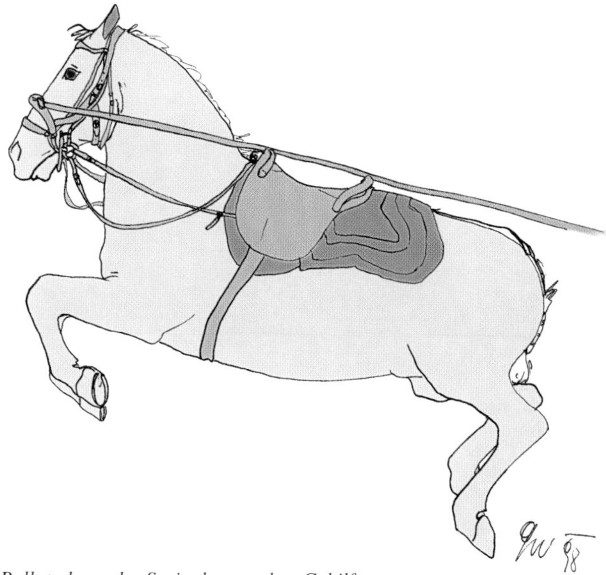

Ballotade an der Springlonge, ohne Gehilfen

SCHEMA DER ARBEIT AN DER HAND NACH WIENER SCHULE

- *Gewöhnung an die Handarbeit durch Schritt-Halt- und Trab-Schritt-Übergänge sowie Haltparaden*
- *Anführen des Pferdes durch einen Gehilfen, Ausbilder an der Springlonge touchiert*
- *Arbeit an der Hand mit Reiter*
- *Freie Piaffearbeit (Ausbilder geht nebenher und stellt Hilfe)*
- *Bei talentierten Pferden Beginn der Schulen über der Erde*
- *Übergang zur Pilarenarbeit*

Der spanische Sprung

Die Arbeit in den Pilaren

Die Pilarenarbeit, wie sie die Reitmeister der Geschichte kannten und lehrten, findet man heute nur mehr an der Spanischen Reitschule Wien, der Real Escuela Andaluza del Arte Ecuestre in Jerez (Spanien) und der Schule Portugiesischer Reitkunst in Portugal. Das Cadre Noir von Saumur setzt sie zwar auch ein, aber lediglich um den Sitz des Reiters zu schulen. Als ihr Erfinder gilt, wie bereits erwähnt, der französische Reitmeister Pluvinel. Jedoch dürften nach neueren Erkenntnissen bereits die Griechen der Antike die Pilarenarbeit praktiziert haben. So soll Eumenes bei der Verteidigung der kapadozischen Festung Nora seinen Pferden Bewegung verschafft haben, indem er sie zwischen zwei Pfeilern treten ließ.

Voll ausgerüstet für die Pilarenarbeit. Pilaren mit versenkten Metallringen, wie sie in der Spanischen Reitschule üblich sind

Die Arbeit in den Pilaren ist sehr diffizil, jedoch ein hervorragendes Mittel, Lektionen wie Piaffe, Terre à terre und die Schulen über der Erde noch weiter zu verfeinern. Seine Exzellenz von Holbein, der Verfasser der

Direktiven der Spanischen Reitschule, formulierte folgendermaßen: „Pilarenarbeit darf nicht zu einer Marterarbeit werden, wozu sie, von unverständiger Hand durchgeführt, nur zu leicht wird." Bedenken Sie bitte, dass nicht alle Pferde dafür geeignet sind und diese Arbeit für Ihr Pferd gefährlich sein kann. Erfahrung und sehr gute Kenntnis Ihres Pferdes sind die Voraussetzungen für diese Arbeit.

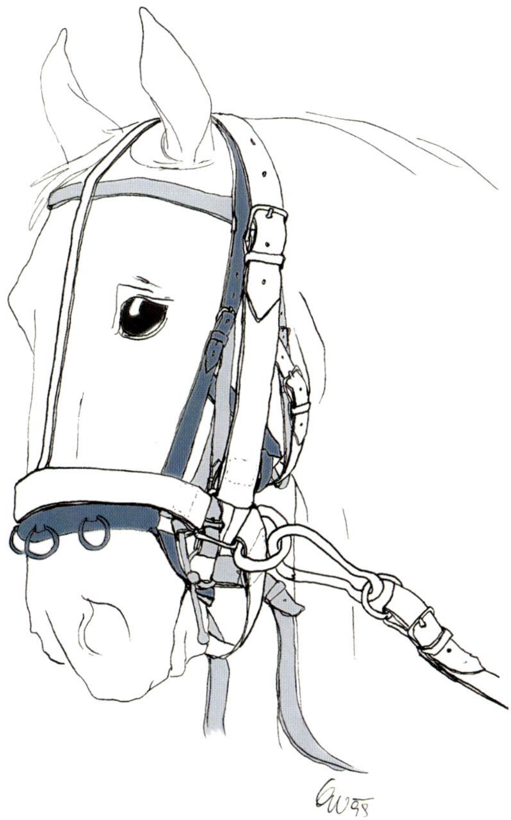

Gezäumt für die Arbeit in den Pilaren: Pilarenhalfter, Kappzaum, Trensenzaum mit Wiener Trense

DIE AUSRÜSTUNG

Die Pilarenarbeit erfordert den vergleichsweise größten Aufwand an Ausrüstung. Zunächst zu den Pilaren: dies sind zwei paarig in einem Abstand von 140 bis 160 Zentimeter angeordnete Säulen. Sie bestehen aus möglichst glatt gehobeltem Holz und haben einen Durchmesser von mindestens 20 Zentimetern. Ihre Gesamthöhe beträgt 300 Zentimeter, wovon 100 Zentimeter in der Erde verankert sind. Um ein Verdrehen der Pilaren zu verhindern, sollte der unterirdische Teil viereckig gezimmert sein. In einer Höhe von 125 Zentimeter vom Boden entfernt ist der erste Ring in die Pilaren eingelassen, dann weitere fünf Ringe in einem Abstand von zehn Zentimetern. Die Ringe haben einen Durchmesser von 5,5 Zentimeter bis sechs Zentimeter bei einer Stärke von einem Zentimeter und sind aus Stahl oder Eisen gefertigt. Verwendet man Pilaren ohne Ringe, benötigt man ein Pilarenhalfter aus Strick, dessen Halteseile um die Pilaren geschlungen und verknotet werden.

Wir benötigen ein Pilarenhalfter entweder aus Strick oder aus massivem Leder. Benützen wir ein Lederhalfter, so sind auch so genannte Pilarenausbinder nötig, welche in der entsprechenden Höhe mittels starker Karabiner in die Ringe eingehängt werden. Die Pilarenausbinder (auch „Halfterzügel" genannt) bestehen aus zwei Lagen starken Leders oder Strick und sind etwa drei Zentimeter breit und 50 Zentimeter lang. Weiterhin benötigen wir zwei Peitschen: eine Bogen- und eine Touchierpeitsche, die lang genug sind, dass der Ausbilder nicht vom Pferd getroffen wird, wenn dieses schlägt. Des Weiteren ist das Pferd wie bei der Arbeit an der Hand nach Wiener Schule gesattelt und gezäumt sowie ausgebunden. Bei Pferden, die sich gerne am Kronrand treten, sollten Hufglocken verwendet werden.

DIE AUSBILDUNGS-SCHRITTE

Nachdem wir unser Pferd nun schon sehr weit gefördert haben und die Piaffe an der Hand sowie unter dem Reiter keinerlei Probleme mehr aufwirft, können wir mit der Arbeit in den Pilaren beginnen. Die Arbeit in den Pilaren hat den Vorteil, dass das Pferd beginnt, seine Hinterhand noch mehr zu senken und sich vorne aufzurichten, die Federkraft sämtlicher Gelenke, aber speziell der Hanken wird deutlich verbessert, wodurch das Pferd tragfähiger und geschmeidiger wird. Darüberhinaus hat man in der Pilarenarbeit Gelegenheit, die im Pferd schlummernden Talente für die Schulen über der Erde zu Tage zu bringen und nutzbar zu machen.

Beginn der Pilarenarbeit: „Tanzschritt" mit zwei Gehilfen

Unser Pferd ist nun gesattelt, auf Trense gezäumt sowie mit Kappzaum ausgerüstet und bereits ausgebunden. Der Schweif ist mittels Schweiftasche hochgeflochten oder verknotet. Wie bereits erwähnt verlangt die Ausbildung in den Pilaren Verständnis, großes Können, überdurchschnittlich viel Geduld und vor allem viel Zeit. Fehlt einer dieser Faktoren, wird die Arbeit dem Pferd mehr schaden als nutzen. Wir beginnen mit der Arbeit an der Hand, um das Pferd etwas aufzuwärmen und vorzubereiten. Zunächst wird das Pferd zur Gewöhnung im Schritt durch die Pilaren geführt. Geht das Pferd ruhig und ohne zu scheuen mehrmals von beiden Seiten durch die Pilaren, hält man es zwischen den Pilaren an und lässt es einige Zeit ruhig stehen. Das Pferd wird belohnt und man beendet die Übung, um den Vorgang am nächsten Tag zu wiederholen. Hat das Pferd Vertrauen zu der neuen Situation gefasst, beginnt die eigentliche Arbeit. Hier kommen nun zwei Helfer hinzu, welche links und rechts am Kappzaum jeweils einen Führzügel einhängen. Nun wird das Pferd von den Helfern mit großer Ruhe zwischen die Pilaren geführt. Unser vierbeiniger Schüler wird noch nicht an den Pilaren fixiert, sondern von den beiden Gehilfen, die jeweils links und rechts knapp

Das erste Einhängen der Pilarenzügel geschieht mit äußerster Ruhe und Sorgfalt.

neben oder hinter den Pilaren stehen, am Führzügel gehalten. Wird das Pferd nervös oder unruhig, führen wir es noch einmal um die Bahn und stellen es wieder zwischen die Pilaren. Sobald es ruhig und ohne Angst in den Pilaren bleibt, kann die Arbeit beginnen.

Die Helfer halten das Pferd weiterhin in beschriebener Weise in den Pilaren, während der Ausbilder das Pferd „von Seite zu Seite stellt“, das heißt mit der Hinterhand von einer Seite zur anderen übertreten lässt. Man nennt diese Lektion, nach Pluvinel, den „Tanzschritt“. Mit dieser verhältnismäßig leichten Übung machen wir das Pferd mit der Arbeit in den Pilaren vertraut. Anfangs werden wir uns mit nur kleinen Bewegungen vorwärts oder seitwärts zufrieden geben müssen, auf jeden Fall ist ein Kampf zu verhindern, den das Pferd mit Sicherheit gewinnen dürfte. Das Pferd sollte niemals Beklemmungen oder Zwang empfinden, da es sonst seine ganzen Kräfte zur Abwehr verwenden würde.

Fixiert zwischen den Pilaren

Ist das Pferd nun über einen längeren Zeitraum mit der Arbeit vertraut, können wir vorsichtig die Pilarenzügel einhängen und das Pferd somit in den Pilaren fixieren. Das Einhängen der Karabiner im Halfter sollte möglichst geräuschlos erfolgen, da viele Pferde bereits bei dem klickenden Geräusch des Karabiners unruhig werden. Ein Führzügel bleibt im Mittelring des Kappzaumes eingeschnallt und ein Helfer hält das Pferd vorsichtig nach vorne um ein Zurückkriechen zu verhindern. Der zweite Helfer bleibt bei den Pilaren stehen, um bei eventuellen Panikreaktionen rasch eingreifen können. Überlegen Sie und wägen Sie gut ab, bevor Sie Ihr Pferd an den Pilaren fixieren, denn Sie haben nun keine Möglichkeit mehr nachzugeben, wenn sich das Pferd in das Pilarenhalfter wirft. Nun wird der „Tanzschritt" auch im fixierten Zustand gefordert. Auch die bereits bei der Arbeit nach iberischem Vorbild beschriebene Übung „mettre l´isard sur un pic", die Bergziege auf den Gipfel stellen, ist eine gute Aufwärmübung für die Pilarenarbeit. Gelingt auch dies, ist das Pferd für die klassische Arbeit in den Pilaren bereit.

DIE PIAFFEARBEIT

Wir beginnen nun mit der Piaffearbeit. Der Helfer steht zunächst mit dem im Mittelring des Kappzaumes eingehängten Führzügel etwas vor dem Pferd. Wichtig ist, dass das Pferd gerade gerichtet bleibt, dazu berührt der Ausbilder das Pferd zum Beispiel mit der Peitsche an der rechten Seite wenn es nach dieser weicht, während der Helfer den Kopf des Pferdes nach rechts stellt. Hat sich das Pferd an die Piaffe in den Pilaren in dieser Weise gewöhnt, wird der Führzügel mit einer Schlaufe in das Backenstück des Kappzaumes gesteckt und somit versorgt, und die Arbeit kann nun ohne

Helfer weitergehen. Der Ausbilder tritt dabei zurück, hebt die Peitsche und fordert das Pferd durch Zungenschlag zum Anpiaffieren auf. Der große Vorteil liegt in der enormen Freiheit, welche der Ausbilder jetzt hat, um das Pferd an all jenen Stellen touchieren zu können, welche im vorigen Kapitel über die Arbeit an der Hand nach der Wiener Schule bereits beschrieben wurden. Werden die Tritte des Pferdes unregelmäßig oder nachlässiger, fordert der Ausbilder das Pferd durch vorsichtiges Touchieren auf, diese Nachlässigkeit zu unterlassen. Immer wieder muss die Pilarenarbeit durch Stillstehen unterbrochen werden, um das Pferd nicht zu überfordern. Hier offenbart sich auch der Nachteil der Pilarenarbeit, denn Pferde, welche die Piaffe ausschließlich in den Pilaren gelernt haben, zeigen das Problem, aus der Piaffe nicht in eine andere Gangart wechseln zu können. Das Ergebnis der Pilarenarbeit soll eine regelmäßige energische und federnde Piaffe sein, bei der das Pferd die Hinterhand gut senkt, die Vorhand leicht macht und sich beim Heben der Beine elastisch vom Boden abstößt. Sie tun allerdings gut daran, die Piaffe immer wieder auch außerhalb der Pilaren zu verlangen und dann mit den entsprechenden Übergängen in schwungvollere Gangarten zu verbinden. In den Pilaren kann man nun der Piaffe oder den Schulen über der Erde jenen Feinschliff geben, der den höchsten Ausdruck hervorbringt.

Man kann zum Beispiel auch mit zwei Peitschen gleichzeitig arbeiten, was durch folgendes Beispiel erläutert werden soll:.

Unser Pferd piaffiert zwar diagonal und mit

Anfangs sollte ein Gehilfe bereit stehen um notfalls beruhigend eingreifen zu können.

der nötigen Elastizität, beugt jedoch seine Hanken zu wenig, es setzt also zu wenig unter sein Gewicht und richtet sich naturgemäß daraus nur wenig auf. Wir bedienen uns hier einer Bogenpeitsche und einer Touchierpeitsche und fordern das Pferd durch leichtes

Der Ausbilder verfügt bei der Pilarenarbeit über uneingeschränkte Bewegungsfreiheit

Antippen mit der Bogenpeitsche zum Senken der Kruppe auf, während wir mit der Touchierpeitsche das Pferd zwischen Fessel und Ballen kurz vor dem Abfußen des jeweiligen Hinterbeines berühren, so dass es den Huf etwas weiter nach vorne setzt. Schlägt das Pferd auf die Bogenpeitsche aus oder wirft die Kruppe hoch, tippen wir am Oberschenkel an, um zu sehen, ob wir hier die gewünschte Reaktion erhalten.

DIE LEVADE

Ist die Piaffe bereits deutlich verfeinert, können wir auch in den Pilaren mit der Levade beginnen. Wie bereits an der Hand touchiert man die Beine langsam immer weiter unter den Schwerpunkt, bis die Vorhand deutlich sichtbar „leicht" wird. Dies ist daran zu erkennen, dass das Pferd bereits immer wieder ein Bein in der Luft hält und mit dem anderen nur

Wiebe zeigt sein Talent für die Schulen über der Erde.

Die ersten Levaden zwischen den Pilaren

mehr leicht abstützt. Touchiert man nun leicht an der Vorhand (Röhrbein oder Brustbein), so wird das Pferd für einen Augenblick levieren, also die Vorhand vom Boden abheben. In diesem Fall wird wieder ausgiebig gelobt und die Arbeit in den Pilaren beendet. Bedenken Sie immer, dass jede Hilfe an der Vorhand nur der etwas deutlicheren Verständigung dient, die Hilfen an der Hinterhand stehen bei der altklassischen Schule immer im Vordergrund.

Ohne die entsprechende Versammlung aus der Hinterhand gibt es keine Levade, die ja der höchste Grad der Versammlung ist.
Auch fehlerhafte Levaden lassen sich in den Pilaren sehr gut korrigieren: wie zum Beispiel ein Pferd, das zwar tief gesetzt leviert und dadurch sein Talent für diese Lektion zeigt, aber seine Vorhand hängen lässt. Hier kann man das Röhrbein mit einem Bambusstab leicht antippen, um das Pferd dazu zu bewe-

Hier wird deutlich, wozu einst die Levade diente: zur Deckung des Reiters

Lob ist immer wichtig, besonders bei der Pilarenarbeit.

gen, die Beine mehr anzuziehen. Aber Vorsicht, verängstigen Sie Ihr Pferd nicht durch eine grobe Hilfe, da es in diesem Fall die Beine sofort wieder auf den Boden setzt.

Die Schulen über der Erde in den Pilaren zu fördern ist eine wunderbare Sache, erfordert aber vom Ausbilder Erfahrung und eine außerordentliche Beobachtungsgabe.

DAS TERRE À TERRE

Neben der Piaffe und der Levade ist das Terre à Terre jene Übung, die am besten in den Pilaren gefördert werden kann. Aus der Levade touchieren wir mit der Touchierpeitsche beide Beine an beiden Oberschenkeln gleichzeitig. Nun wird das Pferd die Vorhand niedersetzen und mit den Hinterbeinen springen. Belassen Sie es beim ersten Mal bei der einen Ausführung des Terre à Terre und beenden Sie die Arbeit. Nach und nach verlangen Sie nun mehr Sprünge, bis das Pferd den reinen Zweitakt des Terre à Terre fließend nur auf ein Zungenschnalzen hin ausführt.

Terre à terre unter dem Reiter

DIE KAPRIOLE

Wenn man will kann man nun aus dem Terre à Terre auch das Streichen des Pferdes entwickeln, indem man das Pferd auf der Kruppe touchiert. Dies geschieht folgendermaßen: Das Pferd befindet sich in der Ausführung des Terre à Terre. In dem Moment, in dem es die Vorhand am Boden hat, wird jener Punkt auf der Kruppe touchiert. Dies sollte reichen, um das Pferd zum Streichen zu bringen, wenn nicht, wiederholen Sie die Lektion. Bei Erfolg beenden wir wieder die Übung. Zur Entwicklung der gesprungenen Kapriole gehört noch mehr Erfahrung, als man ohnehin für die Pilarenarbeit benötigt, besonders wichtig ist bei den Schulsprüngen, dass die Pilarenzügel nicht zu niedrig in den Pilaren eingehängt sind, denn die Folge wäre ein ins Halfter springendes Pferd. Pferde, denen das zu oft passiert, springen nur mehr ungern, zaghaft oder überhaupt nicht mehr. Bei der Entwicklung der Schulsprünge in den Pilaren - die höchste Kunst der Pilarenarbeit - verfährt man im Prinzip wie an der Hand, jedoch mit der nötigen Umsicht.

SCHEMA DER PILARENARBEIT

- *Gewöhnung des Pferdes an die Pilaren mit zwei Gehilfen*
- *Lehren des Tanzschrittes zur Gewöhnung an die später folgende Arbeit*
- *Fixieren des Pferdes in den Pilaren*
- *Beginn der Piaffearbeit*
- *Steigerung der Versammlung, Kadenz und Kraft des Pferdes*
- *Erarbeiten der Schulsprünge in den Pilaren*

Der lange Zügel – die Krone der Bodenarbeit

Der lange Zügel unterscheidet sich prinzipiell von allen anderen Arten der Bodenarbeit, denn er ist Selbstzweck und nicht Mittel zum Zweck, er stellt das Endergebnis dar, die höchste Verfeinerung, die es in der Arbeit mit Pferden gibt. Ohne stark einwirken zu können und nahe am Pferdekörper ruft der Ausbilder mit feinsten, kaum sichtbaren Signalen alle Lektionen vom Pferd ab, welche es unter dem Reiter bereits bis zur Perfektion beherrscht. Dies erfordert ein sorgfältig ausgebildetes Pferd, bei dem bereits in jungen Jahren auf die Feinheit der Hilfengebung geachtet wurde. Ein Pferd für die Arbeit am langen Zügel darf nicht zu groß sein, um im Gangmaß mit ihm mithalten zu können, und es muss absolut ehrlich sein. Beim geringsten Ansatz des Pferdes, nach seinem Ausbilder zu schlagen, ist der lange Zügel ein Risiko und deshalb zugunsten der eigenen Gesundheit zu verwerfen!

DIE AUSRÜSTUNG

Die Ausrüstung für die Arbeit am langen Zügel umfasst den Trensenzaum und den langen Zügel an sich, bei dem es sich um einen Gurt ähnlich der Longe handelt. Anstelle des normalen Trensenzaumes kann man auch ein Gebiss mit leichter Hebelwirkung verwenden, zum Beispiel eine D-förmige Springkandare (Kimblewick). In der Spanischen Reitschule verwendet man üblicherweise eine so genannte Wiener Trense. Dies ist eine Knebeltrense, deren oberer Knebel am Backenstück fixiert wird.

Die Länge des Zügels ist individuell dem Pferd anzupassen. Eventuell benötigt man anfangs einen Longiergurt, so man einen Hilfszügel einschnallen möchte, sowie eine normale Reitgerte, die eher zu kurz als zu lang sein sollte.

DIE ARBEIT AM LANGEN ZÜGEL

Man beginnt mit einfachen Lektionen zunächst im Schritt geradeaus, der Ausbilder geht an der Innenseite seines Pferdes. Wendungen und Haltparaden sowie Schritt auf freien Linien bilden den Anfang. Etwas gewöhnungsbedürftig sowohl für den Ausbilder als auch für das Pferd ist das Umlegen der Zügel beim Handwechsel. Man hebt beide Hände an, während man hinten um das Pferd herum auf die andere Seite wechselt. Das kann empfindliche Pferde anfangs etwas erschrecken, ist jedoch nach kurzer Zeit kein Problem mehr. Hat man ein Pferd, dem der lange Zügel nicht geheuer ist, was bei Pferden, welche unter Zuhilfenahme der Doppellonge ausgebildet wurden, nicht der Fall sein dürfte, bittet man einen Gehilfen, das Pferd an einem Führzügel anzuführen während man das Pferd am langen Zügel arbeitet. Auch diese Anfangsschwierigkeiten sollten nach kurzer Zeit überwunden sein.

Geht das Pferd im Schritt Wendungen und freie Linien wie zum Beispiel Volten und Mittellinien, beginnen wir mit der Trabarbeit. Die Vorgangsweise ist dieselbe wie im Schritt. Zuerst fordern wir Wendungen und lange gerade Linien, später beginnen wir als erste Lektion mit dem Schulterherein, das ähnlich wie an der Doppellonge gearbeitet wird. Aus einer Ecke zeigen wir entweder sofort Schulterherein oder Schulterherein aus einer vorausgehenden Volte, wobei wir an der Innenseite unseres Pferdes und zwar an der Kruppe gehen. Durch Paraden am äußeren Zügel in

Eine mögliche Zäumung am langen Zügel: die Kimblewickkandare

Verbindung mit der Gertenhilfe in der Höhe des inneren Sprunggelenkes leiten wir das Schulterherein ein. Gelingt das Schulterherein an der langen Seite der Reitbahn, können wir mit Traversalen und Kruppeherein beginnen.

Handhaltung bei der Arbeit am langen Zügel

Im Kruppeherein am Hufschlag wechseln wir an die Außenseite des Pferdes, indem wir wieder die Zügel umlegen. Das Pferd ist entsprechend gestellt und gebogen und wir treiben nun leicht an der Außenseite, ohne den Schwung zu verlieren. Die Traversale wird im Prinzip mit derselben Hilfengebung eingeleitet, also zuerst Stellung und Biegung, Einleitung durch Paraden am äußeren Zügel, Positionswechsel des Ausbilders von der Innen- an die Außenseite, leichtes Nachtreiben mit der Gerte außen, dann befinden wir uns bereits in der Traversale. Sind die Traversalen gefestigt, erarbeiten wir die Zick-Zack-Traversalen. Dazu gehen wir im Trab auf die linke Hand, schwenken auf die Mittellinie, wechseln unsere Position und traversieren einige Tritte nach links, wonach wir nach einer Parade das Pferd

Renvers

Traversale rechts im Trab

Tanzende Beine – Enormer Übertritt in der Traversale

gerade richten und umstellen, während wir die Position wechseln, und ein paar Tritte Traversale nach rechts fordern. Dies lässt sich dann natürlich je nach Geschick weiter fortführen.

DIE PIAFFE AM LANGEN ZÜGEL

Bei der Piaffe geht man knapp und direkt hinter dem Pferd, das heißt man wechselt von der Innenseite des Pferdes direkt hinter das Pferd, während man die Trabtritte langsam verkürzt. Dabei ist darauf zu achten, das Pferd nicht in eine zu hohe Spannung zu bringen, damit es nicht versucht, seiner Spannung durch Schlagen Luft zu machen. Bemerkt man diese Spannung, trabt man sofort an, um das Pferd wieder zu entspannen.

Aus der Piaffe kann nun auch die bereits erlernte Levade entwickelt werden, sie ist die einzige Lektion der Schulen über der Erde, welche in der klassischen Schule am langen Zügel gezeigt wird.

DIE PASSAGE AM LANGEN ZÜGEL

Die Passage kann am langen Zügel oft sogar leichter als unter dem Reiter gefördert werden, da ja das Reitergewicht fehlt. Sie erhält dadurch mehr Ausdruck und Leichtigkeit. Zuerst piaffiert man sein Pferd an und lässt es dann nach und nach mehr an Raum gewinnen, bis es passagiert, wobei man durch Touchieren mit der Gerte am Oberschenkel die Schwebephase und die Hankenbiegung verbessern kann. Wie auch in der Piaffe geht man in der Passage direkt hinter dem Pferd, allerdings mit einem Schritt Abstand, um dem Pferd nicht auf die Ballen zu treten, oder leicht seitwärts versetzt.

Wiebe in der Piaffe am langen Zügel

DER GALOPP AM LANGEN ZÜGEL

Die einfachste Möglichkeit, das Pferd am langen Zügel anzugaloppieren, ist in der Ecke durch auffordernde Worte und Touchieren am Bauch oder manchmal etwas höher an der Schulter. Vorausetzung ist natürlich, dass das Pferd eines verkürzten Galopps fähig ist und der Ausbilder die nötige Kondition mitbringt. Es ist sehr wichtig, lange große Schritte zu machen, und nicht hektisch hinterherzulaufen, da dies unser Pferd irritieren würde. Anfangs geht man auch im Galopp an der Innenseite des Pferdes, später jedoch, sobald das Pferd es zulässt, an der Außenseite. Galopptraversalen werden genauso ausgeführt wie im Trab bis

Cartucho in der Passage

Galopp am langen Zügel

Spanischer Schritt am langen Zügel

hin zu Zick-Zack-Verschiebungen, aus denen man nun auch den Sprungwechsel am langen Zügel entwickelt. Durch Stimm- und Gertenhilfe wird der Sprungwechsel dem Pferd verdeutlicht. Hat das Pferd begriffen, wird die Hilfe so verfeinert, dass das Pferd nur auf eine Parade am äußeren Zügel umspringt, erst dann sind auch Serienwechsel möglich, so das Pferd sie unter dem Reiter beherrscht.

ÜBER DEN SPANISCHEN SCHRITT AM LANGEN ZÜGEL

Der spanische Schritt und auch die Polka können natürlich auch am langen Zügel gezeigt werden. Wie bei allen anderen Lektionen geht es nicht darum, dem Pferd die Übung zu erklären, sondern nur die neue, verfeinerte Hilfe begreiflich zu machen, da es die Lektion ja schon beherrschen sollte. Ich versuche zuerst im Halten den spanischen Gruß, das heißt das Anheben und Strecken des Beines auf meine Zügelhilfe an der entsprechenden Seite. Reagiert das Pferd nicht, so benutze ich eine lange Gerte um das Pferd vorne leicht anzutippen. Gelingt dies auf beiden Seiten, gehe ich Schritt an und fordere das Pferd zum spanischen Schritt auf. Haben wir dabei Schwierigkeiten, bitten wir jemanden mit einer vorgehaltenen Gerte vorauszugehen. Sie werden sehen, in kurzer Zeit ist der spanische Schritt am langen Zügel kein Problem mehr. Bedenken Sie bitte immer, dass die Arbeit am

Pesade am langen Zügel

langen Zügel keine Ausbildungsmethode ist. Sie ist vielmehr das Endergebnis eines langen Ausbildungsweges zu einem „fertigen“ Pferd, das unter dem Reiter bereits alle Lektionen beherrscht und nur feinste Hilfen umlernt, um am langen Zügel gehen zu können. Sie haben mit dem langen Zügel eine Möglichkeit, Ihr Pferd bis ins hohe Alter zu arbeiten, selbst dann noch, wenn es nicht mehr geritten werden kann. Ein Pferd, welches an Arbeit gewöhnt ist, braucht sie als Lebensinhalt. Wie wir Menschen, wenn wir pensioniert werden, manchmal körperlich und geistig verfallen, weil wir keine Aufgabe mehr haben, passiert Ähnliches beim Pferd. Ich für meinen Teil arbeite jedes meiner Pferde bis ins hohe Alter, ohne dass sie überfordert würden und auf ihren verdienten Ruhestand mit Koppelgang verzichten müssten. Ich denke, das ist der wahre Sinn der Arbeit am langen Zügel!

Schlusswort

Ich habe Ihnen in diesem Buch eine Methode der Ausbildung vorgestellt, die Ihre Reitarbeit bereichern und ergänzen, aber nicht ersetzen soll und kann. Sie bildet eine Möglichkeit, Pferde ohne störendes Reitergewicht zu fördern und auszubilden. Lassen Sie mich zum Abschluss noch einige grundlegende Gedanken, die mich zeit meines Lebens begleiteten, darlegen.

Wozu bilden wir Pferde eigenlich aus? Mit welchem Recht reiten wir ein Lebewesen, das dafür eigenlich nicht erschaffen ist? Nur allzu oft sperren wir es 23 Stunden am Tag in Boxen und benutzen es als Sportgerät, ohne uns seines Wesens und dessen was es für uns getan hat bewusst zu sein. In Beantwortung dieser Frage kann man nur sagen, dass wir streng gesehen kein Recht haben, das zu tun. Niemals darf das Pferd vom Menschen beherrscht werden, wir können und dürfen nur als Partner miteinander umgehen, mit Respekt und Achtung vor der Leistung, welche das Pferd für uns erbracht

Der Autor und sein Hengst Cartucho im Spanischen Schritt ohne Zaum: der Inbegriff gegenseitigen Vertrauens

hat. Überall in der Geschichte, wo wir die Spuren des Menschen finden, sind die des Pferdes gleich daneben. Die altklassische Arbeit mit Pferden, zu der gerade die Bodenarbeit großen Bezug hat, zielt darauf ab, das Leben eines Pferdes in Gesundheit zu verlängern und es für das Pferd, vorausgesetzt es wird annähernd artgerecht gehalten, lebenswert zu machen. Geduld, Liebe, Feinfühligkeit und vor allem Mitgefühl sollten unseren Umgang mit Pferden prägen, denn ich denke, wir sind es unseren vierbeinigen Freunden, welche uns einen so langen Weg begleitet haben, mehr als schuldig!

Anhang

VERZEICHNIS DER ABGEBILDETEN PFERDE

JULEPE

Julepe ist ein siebenjähriger gekörter Pura Raza Espanola (Andalusier) Hengst, welchen ich selbst aus Spanien importiert habe und der sich heute im Besitz meiner Frau Claudia befindet. Er ist hochtalentiert und wird von mir in der altklassischen hohen Schule gefördert. Als er fünfjährig nach Österreich kam, war er schwach bemuskelt und gerade in den Grundgangarten sicher. Jetzt, zwei Jahre später, beherrscht er neben drei äußerst geregelten Grundgangarten auch Schulterherein, Travers und Traversalen sowie den spanischen Schritt, im Beginn Piaffe und spanischen Trab sowie fliegende Galoppwechsel. Seine Bemuskelung hat sich enorm gesteigert und all dies durch korrekte Reit- und ergänzende Bodenarbeit nach dem hier vorgestellten System.

WIEBE

Wiebe, ein siebenjähriger Friesenhengst aus den Niederlanden mit deutlich sichtbaren Merkmalen seiner iberischen Vorfahren, ist ein leichter Reitpferdetyp, den man unter Friesen nur selten findet. Er ist sehr talentiert, hat hervorragende Grundgangarten, war allerdings, als er vor eineinhalb Jahren zu mir kam, äußerst ängstlich und misstrauisch. Sein damaliger Ausbildungsstand beschränkte sich auf Trab und Schritt, von Galopp hatte er keine Ahnung. Beizäumung war ihm ebenfalls fremd. Heute hat er enorm an Muskulatur zugelegt und hat eine sehr gute Galoppade, Seitengänge, spanischen Schritt und eine ausgezeichnete Piaffe entwickelt. Durch die altklassische Reitkunst unter Zuhilfenahme der

Bodenarbeit hat dieser Hengst stark an Selbstvertrauen gewonnen. Er ist heute ein selbstbewusstes und ausdrucksstarkes Pferd.

MAESTOSO ANCONA

Maestoso Ancona ist ein 17-jähriger Lipizzaner-Deckhengst mit vielen talentierten Nachkommen, der bis zur Schule über der Erde gefördert ist. Er ist ein Hengst mit sehr viel Selbstvertrauen, der einen starken Reiter mit Durchsetzungsvermögen braucht. Ihn zeichnet das Talent zu tief gesetzten Levaden aus, welche er sowohl an der Hand als auch unter dem Reiter in hervorragender Manier zeigt.

DON PEDRO

Don Pedro ist ein siebenjähriger deutscher Wallach im klassischen Sportpferdetyp. Von der Besitzerin als Schulpferd gekauft, kam das Pferd zu mir in Beritt. Ursprünglich litt er unter massiven Rückenproblemen, heute haben wir die Schwierigkeiten im Griff. Sie tauchen zwar zeitweilig wieder auf, sind aber durch gezielte Handarbeit und gymnastizierende Reitarbeit problemlos zu bewältigen. Don Pedro beherrscht heute Seitengänge in allen Grundgangarten sowie Sprungwechsel. Mit der Piaffearbeit nach Wiener Schule wurde bereits begonnen und das Pferd zeigt sich nicht untalentiert.

GALIMENA

Galimena ist eine fünfjährige englische Vollblutstute mit mehr Rahmen als man es normal bei Blutpferden gewöhnt ist. Ich habe sie erst seit kurzer Zeit in Beritt. Als ich begann, mit ihr zu arbeiten, war sie stark verspannt. Durch Longenarbeit habe ich sie zum Teil bereits entspannt und der Zeitpunkt für die Arbeit an der Doppellonge ist nun gekommen. Voraussichtlich eignet sie sich im Besonderen für die Doma Vaquera. Bis zur Spezialisierung in diese Richtung wird sie allerdings wie alle anderen Pferde einer korrekten Grundausbildung unterzogen.

CARTUCHO

Cartucho ist ein 13-jähriger Lusitanohengst mit überragenden charakterlichen und körperlichen Eigenschaften, ein echtes Ausnahmepferd, welches man nicht alle Tage findet; eigentlich hat er ja auch mich gefunden. Als ich ihn das erste Mal sah, war ich trotz seines zotteligen Winterfelles und mäßiger Muskulatur von seinem Erscheinungsbild und seiner Ausstrahlung beeindruckt. Seine Grundausbildung erhielt er in Portugal und wurde danach verkauft und zum Wanderreitpferd gemacht. Irrigerweise bildete man dieses wunderbare Pferd in der Gangart Tölt aus und ritt mit ihm danach von Wien nach Paris, was er jedoch unbeschadet überstand. Er kam in meinen Besitz, als er acht Jahre alt war. Ich bildete dieses Pferd, auf seiner Grundausbildung aufbauend, in der altklassischen Reitkunst aus, auch hier unter Zuhilfenahme der ergänzenden Arbeit vom Boden aus. Es war eine Menge Arbeit, die Grundgangarten, welche durch den Tölt stark gelitten hatten, wiederherzustellen, aber es lohnte sich. Dieser Hengst beherrscht heute alle Lektionen der altklassischen Schule auch freihändig, mit dem Zügel im Gürtel verknotet, oder ohne Zaum sowie am langen Zügel.

Herzlichen Dank

An der Entstehung diese Buches waren mehrere Personen und Institutionen beteiligt, die es erst ermöglichten, das Thema in der hier vorliegenden Form aufzuarbeiten, und denen ich an dieser Stelle auf das Herzlichste für ihre Unterstützung danken will. An erster Stelle möchte ich meine Frau Claudia nennen, die mich seit vielen Jahren durch mein Leben begleitet und mir durch ihre Ruhe und Bedachtheit eine unersetzliche Partnerin in meiner Arbeit ist. Die hervorragenden Fotos von Klaus-Jürgen Guni, der auf professionelle und ganz persönliche Weise die klassische Arbeit an der Hand in Bilder fasste, stellen einen nicht unbeträchtlichen Beitrag zum Verständnis dieser Materie dar. Die Arbeit mit ihm war für uns alle ein Vergnügen! Danken möchte ich auch dem Team der Rosenburg im Waldviertel, Niederösterreich, besonders der Familie Hiebeler, die mir in langjähriger Freundschaft verbunden sind und es ermöglichten, einen Teil der Abbildungen in der wunderschönen Renaissance-Kulisse ihrer Burganlage zu fotografieren. Nicht zuletzt danke ich Brigitte Millán-Ruiz, die als unermüdliche Kritikerin meines Manuskriptes diesem in nächtelangen Sitzungen den Endschliff gab und mir bei der Umsetzung meiner Ideen mit Rat und Tat zur Seite stand.